건국 대통령의
삶과 죽음

보수나 진보들도 몰랐던

건국 대통령의 삶과 죽음

이동욱

기파랑

들어가는 글

건국 대통령에게 못 할 짓을 참 많이 해 온 보수와 진보들에게

'계엄의 밤' 이후에 세계가 보낸 경탄과 찬사

2024년 12월 3일 22시 23분경, 대한민국 헌정사상 17번째가 되는 계엄령이 윤석열(尹錫悅) 대통령에 의해 선포되었다. 친위 쿠데타는 실패하기 어렵다고 하지만 이날 계엄령은 불과 2시간여 만에 국회의원들의 의결로 무산된 최초의 사례가 되었다. 당시 국회 주변을 에워싼 시민들은 국회의원들이 봉쇄된 국회 정문과 담장을 넘어가 '비상 계엄 해제 요구 결의안'을 가결할 수 있도록 온몸으로 디딤돌이 되어 주었다. 그 과정에서 출동 명령을 받은 무장 군인들이 투입되었지만, 대통령의 명령이 부당 불법함을 현장에서 알게 된 군인들은 스스로 무력을 자제함으로써 피 흘리는 사람이 아무도 없었다. 무장한 그들을 자제하게 만든 것은 더 강한 무력이 아니라, 국민이 주인이라는 민주주의의 성숙한 정신력이었다. 그것은 역사로부터의 학습효과를 확인하는 순간이었다. 작가 한강의 말처럼, 아픈 과거의 기억들이 위태로운 현재를 도왔던 순간이었으며, 죽은 자들이 산 자들을 살려낸 순간이었다.

불법 계엄령으로 권력 구조가 와해된 대한민국은 그날 이후 헌법에서 정한 민주적 절차에 따라 평화적·합법적으로 사태를 수습하는 중이다. 내란을 시도한 세력들은 헌법재판소를 거쳐 파면되었다. 파면 후 60일 이내에 대통령을 선출해야 하는 절차에 따라 2025년 6월 3일 대통령 선거를 통해 더불어민주당의 이재명(李在明) 후보가 제21대 대통령으로 당선되었다. '계엄의 밤' 이후 7개월째가 되던 날이었다.

전 세계는 이 모든 과정을 지켜보면서도 대한민국의 신용등급을 깎아내리지 않았다. 대한민국 스스로 정치 질서를 회복하는 시스템을 잘 보여주고 있기 때문일 것이다. 12·3 계엄 사태로 거리를 메운 시민들의 집회는 기존의 정치권이나 노동계가 주도하던 분노와 증오의 집회와는 확연히 달랐다. 응원봉을 흔들고 노래와 춤사위로 거리를 메운 시민들을 보면서 한 외국인은 "한국인들의 자유와 민주의 품격을 느꼈다"고 말할 정도였다. 해외에서는 k-pop, k-culture에 이어 k-democracy라고까지 한다.

지금부터 249년 전인 1776년 7월 4일, 인류 최초로 왕이 없는 나라로서 자유민주연방공화국을 건국했던 미국조차 그들보다 172년이나 뒤에 건국한 대한민국의 자유민주주의에 경탄과 찬사를 보내는 중이다. 하지만 '계엄의 밤'을 맞이했던 대한민국 보수와 진보의 사정은 그리 간단치가 않다.

보수의 사정 : 보수가 병들면 극우가 설친다.
보수 진영은 건국 이래 국민의 생명과 재산이 위협받을 때마다 적진을 향해 몸을 던지며 호국의 방패를 자임해

왔다. 그러면서 이승만(李承晩)-박정희(朴正熙)-전두환(全斗煥)-노태우(盧泰愚)-이명박(李明博)-박근혜(朴槿惠)-윤석열(尹錫悅)로 이어지는 대통령들을 배출했다. 모두 말년(末年)이 신산(辛酸)한 분들이었다. 보수 진영은 건국과 부국의 대통령들을 옹립하면서 대한민국의 성장 가도를 함께 달렸음을 자랑과 긍지로 여긴다. 그들은 개인적 가치보다 사회나 국가라는 공동체의 가치를 우선시하며 대한민국 애국심의 기반이 되었다.

처음부터 그들을 이끈 지도자들은 당 밖에서 등장한 영웅 같은 인물들이었다. 건국 대통령 이승만이 이 나라에 심었던 '자유'와 '민주'라는 헌법 가치를 이승만의 뒤를 이은 보수 진영의 지도자들이 제대로만 관리해 왔더라면 2000년 무렵에는 보수 정당 내부에서도 출중한 자유민주주의의 지도자들이 배출되었을 것이다. 그러나 보수 진영은 인물을 길러내고 배출하는 시스템을 만드는 데 실패했다. 그 대신 조선시대로 돌아간 듯이 지도자와 당원 간에는 주종(主從) 관계가 자리했다. 보좌관이나 비서관들이 스스로를 '사노비(私奴婢)'라 부르는 등, 진영의 중심인 정당 내부는 민주 시스템이 아니라 노비 시스템이 자리했다.

더구나 21세기에 접어들면서 인구와 경제 규모 및 문화적 다양성 등 모든 면에서 대한민국이 선진국으로 성장해 버렸다. 그 결과, 과거의 정치권처럼 신화적 인물들이 더 이상 통치하기 힘든 시대가 되었다. 이명박-박근혜-윤석열 세 대통령 모두 퇴임 후 영어(囹圄)의 몸이 되어야 했고, 특히 박근혜와 윤석열 두 대통령은 재임 도중에 탄핵 심판을 거쳐 파면되는 수모를 겪어야 했다. 이처럼 보수 정당이 내부에서 인물을 육성하지 못하는 불임(不姙) 정당으로 남아 있는 한, 보수 진영은 국민을 미래로 이끌 지도자를 만나기가 힘들 것이다.

자유민주주의 체제는 '국민의 알 권리'가 뒷받침되어야 힘을 갖는다. 그러나 보수 진영은 45년 전의 5·18 항쟁에 관해서도 '논문' 한 편 없이 눈 감아 왔고, 심지어 '5·18 북한군 침투설'과 '부정선거 음모론'을 '맹신' 한다. 현대사의 절반가량을 신화나 전설로 얼버무리는 보수 진영은 '합리적 사고'와 '심오한 이해'가 불가능한 집단이 되어 '국민의 알 권리'를 포기한 채 '태극기를 든 맹인 집단'이 되어 버렸다. 결과적으로 '우민화된 보수 진영'은 '권력자의 눈먼 거수기'로 전락한 것이다.

구한말의 청년 이승만은 윤치호(尹致昊)와 같은 개화파들이 민족의 사활을 걸고 외쳤던 '유교 망국론'을 받아들였다. 그 후 이승만은 강렬한 자기부정을 거치면서 '자유민주주의'라는 정치사상을 이 땅에 구현하기 위해 평생을 던졌다. 그 산물이 대한민국이다. 그런데 건국 77주년에 앞서 계엄 사태를 맞고 보니 오늘날의 보수는 이승만의 정치사상인 '자유'나 '민주'는 안중에도 없었고 그가 거부했던 '조선의 유교문화'에 안주해 온 사실을 확인하게 된다.

충성과 맹종을 구분 못 하고, 내란과 외환을 도모했던 윤석열의 재기(再起)를 기대하며 성조기를 흔들고 'YOON

AGAIN'을 외치는 모습은 명(明)나라가 망한 지 2백 년이 지나도록 '만절필동(萬折必東)'을 읊조리며 명나라 조상에게 제사 지내던 조선의 사대부들을 빼닮았다. 그들은 '明 AGAIN'을 외쳤던 셈이었다.

이런 식으로 보수가 병들어 버리면 극우가 활개 친다. 우리는 언제쯤 건강한 보수를 만나 볼 수 있을까.

진보의 사정 : 민중민주 투사들이 갑자기 자유민주의 투사로?

거기에 비해 소외계층과 사회적 약자를 대변해 온 진보 진영은 지난 80년대를 거치면서 민중민주주의로서 대한민국의 자유민주주의를 부정하는 데 거리낌이 없었다. 대한민국 건국 과정을 반일 민족주의적 시각으로 조명함으로써 북한의 역사 인식과 유사하다는 종북 시비를 불러일으켰으며, 1980년 이래 진보 진영을 결속해 온 역사서 『해방 전후사의 인식』은 '정의가 패배하고 불의가 득세했다'는 故노무현(盧武鉉) 대통령의 역사 인식에도 깊은 영향을 준 바 있었다. 그 중심엔 '민족문제연구소'

의 활약이 눈부셨다. 그들은 다큐 영화 「백년전쟁」을 통해 이승만을 '친일파'로 규정하고, '양복 입고 독립운동 한답시고 호텔을 다니면서 젊은 여성 끼고 놀아난 파렴치한'으로 묘사하며 전국의 학교에 보급했다. 진보 진영 내부는 386세대에서 586세대에 이르는 긴 시간 동안 주체사상으로 대한민국을 민주화하려던 세력이 자리하며, 합리적 진보 세력을 침묵시켜 왔다. 보수가 병이 들면 극우가 발흥하듯이, 진보가 병이 들어 극좌가 설쳐온 까닭이다.

그러던 중 2024년 12·3 계엄사태를 맞은 이후부터는 대한민국 헌법 가치를 기준으로 집권 세력의 불법 행위를 맹렬하게 규탄하고 있다. 그 정의의 함성 속에는 과거의 민중민주 투사들과 주사파 투사들도 자유민주의 투사가 된듯 헌법 수호 세력으로 행세한다. 윤석열 대통령과 그 일당의 '계엄 내란'으로 극좌파들에게 정의의 칼자루를 쥐어 준 셈은 아닌지 의아해진다. 그들이 그토록 욕을 해대던 이승만에 의해 이 땅에 자유민주주의가 전해졌는지조차 그들은 알지 못할 것이다.

희망의 싹은 진보 진영에서 먼저 나왔다.

작금의 진보 진영이 보여주는 행태는 자유민주주의를 이 땅에 심고자 무던 애를 써야 했던 이승만 대통령에게는 너무나 고마운 존재로 보일 것이다. 마치 4·19 때의 '불의를 참지 못하고 일어선, 정신이 살아 있는 국민'이니 말이다.

그러나 오늘날 진보 진영의 이런 정치적 태도 변화가 과연 그들의 내적 성장의 결과인지, 카멜레온 같은 임기응변의 눈속임인지는 지금으로서는 알 수가 없다.

그런 진보 진영에서 희망의 싹은 먼저 나왔다. 이재명 정부가 출범한 지 20여 일째가 되던 2025년 6월 24일, 1980년대 운동권 출신인 국회 법사위원장 정청래(鄭清來) 의원은 "586 운동권 문화는 청산해야 한다"며 진보 진영의 극좌화를 경계하는 발언을 했다. 진보 진영의 극좌화를 경계하며 중심잡기가 시작된 것일까. 어쩌면 머지않아 보수 진영에서도 극우화를 경계하는 중심잡기가 시작되지 않을까. 어둠이 너무 깊어 보수 진영의 앞길이 보이지 않지만 '포기가 이르다'는 진보 진영으로부터의 신호가 들리는 듯하다. 이러한 마음졸임은 '2시간 반짜리 계엄'이 흘러가면서 우리에게 남겨준 희망인 듯싶다. 이런 희망이야 말로 60년 전에 서거하신 故이승만 대통령이 가장 기뻐하실 소식이 아닐까.

건국 대통령 이승만의 꿈은 이루어질 수 있을까.
보수 진영이 태동할 때, 이승만의 정치 사상인 자유민주주의를 보우한다며 '자유당'이란 깃발을 들었지만, 그들은 팔순 노인을 4선에까지 출마시켜 놓고 뒤에서는 오로지 자신들의 기득권을 위해 부통령 선거 부정을 획책했었다. 그리고는 부정 선거에 대한 모든 책임을 팔순 노인에게 떠넘겨버렸다. 참으로 무책임한 보수 진영이었다.
한국 최초의 정당인 '한국민주당'은 초대 대통령의 내각 구성이 마음에 안 든다는 이유만으로 '反독재 투쟁'을 선포하고 야당의 길을 걷기 시작했다. 그리고 오늘날까지 77년간 진보 진영을 이끌면서 '反대한민국' 노선을 넘나들며 사사건건 보수 진영에 시비를 걸어오곤 했다. 보수나 진보 두 진영 모두 이승만 건국 대통령에게는 못 할 짓을 참 많이 해 온 셈이다.

하지만 '12·3 계엄의 밤'을 넘어서고 보니, 보수와 진보 두 진영은 진짜 자신들이 지켜야 할 체제가 무엇인지를 새삼 확인하는 계기가 됐다.

자유민주주의를 지키고 발전시켜야 할 그들의 명운이 이제는 역사의 심판대에 올려진 것이다.

다행히 보수가 쇠약해져 자유민주주의 지킴이로서의 제 역할을 못할 때, 진보가 그 역할을 도맡고 있으니, 대한민국의 미래는 정말 밝을 것이다.

그동안 대한민국 현대사는 합리적 보수가 약해지면 극우가 일어났고, 합리적 진보가 약해지면 극좌가 대두했음을 보여주었다.

건국 대통령 이승만의 꿈은 합리적 보수와 합리적 진보가 대한민국의 양 어깨에서 날갯짓하며 한국인들을 번영의 미래로 실어 나르는 것이었으리라.

과연 보수와 진보 이 두 진영이 과거를 성찰하고 반성하며 '중심잡기'로 다시 태어날 수 있을까?

권력의 갑옷을 벗고 권좌에서 내려온 노인의 여정을 통해 오롯이 한 인간의 진면목을 보게 된다면, 그리하여 한 노인이 평생에 걸쳐 이 땅에 자유민주주의를 심은 뜻을 조금이나마 알게 된다면, 보수와 진보 두 진영 간에 점철된 소모적인 적대감을 조금은 줄일 수 있지 않을까.

그리하여 민족통일을 위한 국민통합의 첫 단추를 꿸 수 있지 않을까….
과거가 현재를 도왔듯이, 현재가 미래를 도울 수 있지 않을까….
과거는 고칠 수는 없지만 알수는 있고,
미래는 알 수는 없지만 만들 수는 있기 때문에….

2025년 7월 19일
저자 이동욱

차례

들어가는 글 4
추천의 글_정규재 18
추천의 글_배진영 21
추천의 글_손병두 28

1장

보수와 진보 - 두 진영의 기원

- 40 최초의 정당 - 야당 한민당
- 42 배신감으로 시작된 '反독재 민주화 투쟁'의 길
- 44 금수저를 물고 태어난 거수기 정당 - 자유당
- 46 자유당과 부정선거
- 51 가장 늦게 알게 된 대통령
- 53 "한 오십 년은 유능한 인물들이 나와서 이끌어야"

2장

하와이 요양이 망명으로 바뀐 까닭

- 58 하와이로 가게 된 계기
- 61 오보가 세계적 특종이 되면…

3장

고도(孤島) 하와이

- 68 '쥐도 새도 모르게 망명'
- 69 "한 3주일 쉬고 갈거야"
- 72 반려견에게 위로받아야 했던 건국 대통령
- 77 해피 반출 작전
- 79 귀국은 늦어지기만 하고…

4장

조립식 식탁 위의 예배당

- 84 하와이의 자유 교회
- 86 유교적 사고에서 해방되고 세운 교회
- 92 조립식 식탁은 두 분의 예배당

5장

25살 연하 푸른 눈의 화니, 李박사에게 절제된 '사랑'을 배웠다

- 98   영원한 동반자 레이디 프란체스카
- 102   두 영혼의 불꽃이 타오르다
- 106   인간의 노력으로는 성사될 수 없을 인연(因緣)
- 109   서양 부인을 데리고 오면 모든 동포들이 돌아설 테니 꼭 혼자만 오시라.

6장

우리가 몰랐던 老 부부의 애환

- 114   양자의 조건
- 119   "그놈도 날 좋아하겠지?"
- 123   "언제 내가 우리 땅으로 가게 돼?"
- 127   떡국을 좋아한 이 박사
- 131   "어서 가야겠다!"
- 133   공보 영화
- 138   40년 친구 보스윅
- 141   "나는 본시 가난한 사람이야"
- 144   프란체스카 여사의 눈물
- 148   또다시 좌절된 서울행

7장

슬픈 황혼

- 154   마우나라니 요양원 202호
- 156   국부와 국모의 자격을 갖춘 분
- 160   어머니…어머니…
- 162   한국 돌아갈 여비 걱정한 건국 대통령
- 164   유언과 마지막 기도문
- 167   7월 19일 0시 35분
- 171   보스 윅의 절규 - "내가 자네를 안다네…내가 자네를 알아…"

맺는 글 178

추천의 글

작은 책 속에 천근만근 역사의 무게로 폐부를 찌르는 이야기

정규재 · 전 한국경제신문 주필

이동욱 기자는 늘 내가 그 책을 반드시 써야 하는데 하고 망설이거나, 날짜를 몇 번씩 연기하면서도 아직도 못 쓰고 미안함만 짙어지는 바로 그런 책을 쓰는 사람이다. 이번 책은 마침 이승만 대통령이 돌아가신 지 60주년이 되는 기억과 추모의 순간에 이 세상에 모습을 드러낸다. 고맙다.

이동욱 기자에게 고맙고, 기파랑 출판사에 고맙고, 아직도 아니 갈수록 대한민국이라는 나라에서 태어났음을 기적처럼 느끼게 되는 순간을 맞고 있는 우리 모두에게, 이 땅의 그 모든 억울함을 대신해서 이승만 대통령님께 감사합니다, 고맙습니다, 하는 기도의 말씀을 올리게 된다.

이 책은 더구나 우리들이 이승만을 버렸던, 잊었던, 아니 제대로 알지도 못했기에 외면했던 바로 그 시간에 대해 우리에게 들려주고 있다. 그렇다. 우리 모두는 이승만을 배반했던 것이다.

이동욱 기자는 이 책을 다만 찬찬히 쓰고 있을 뿐이었지만, 나는 이 책을 읽으면서 많이 울었다. 나이가 들면 눈물이 많아진다던데 내가 그런 모양이다. 그렇다. 우리는 모두 유다들이었다.

나는 유다가 흘렸을 그 눈물을 이동욱 기자 덕분에 많이 흘렸다.

지금 우리의 조국은 이승만이 토대를 깔고 박정희가 내달린 결과에 많은 것을 의존하고 있지만, 그것은 너무나

절묘하게도 마치 신께서 준비하시고 인도하신 것과 정확하게 일치하는 그런 결과로 우리의 삶에 각인된 그런 조국인 것이다.

복거일 작가가 『물로 씌어진 이름』이라는 대작을 선보인 것이 벌써 2023년의 일이다. 아주 큰 책이요, 승전고를 울리고 진군의 나팔소리가 하늘에 퍼져가는 웅장한 이야기의 책이었다.

그러나 이동욱 기자의 이 책은 아주 작은 책이요, 늙고 힘없는, 치매에 걸려 무력한 이승만에 대한 이야기다. 한국인의 지리지식이 짧아 프란체스카 여사를 호주댁이라고 불렀던 바로 그 호주댁만이 늙고 지친 이승만을 지키는 시간들 말이다. 황혼의 그를 생각할 때마다 오히려 그의 긴 삶의 족적이 이 작은 책 속에서 천근만근 역사의 무게로 뚜벅뚜벅 걸어온다. 이동욱 기자에게 감사를 드린다.

추천의 글

지금 대한민국의 위기는 어디서 비롯되었나를 생각하게 하는 책

배진영 · 〈월간조선〉 편집장

4·19를 담은 많은 사진들 가운데 가장 인상적인 것은 1960년 4월 26일 이승만(李承晚) 대통령(이하 이승만)이 하야(下野) 성명을 낸 후 시민들이 "노후에 편안하시라" "리 박사 하야-만수무강"이라는 벽보를 붙이는 장면이다. 이 사진은 이승만이 사저(私邸)인 이화장(梨花莊) 담장 너머로 고개를 내밀고 시민들과 이야기를 나누는 사진과 조응한다. 이때 이승만은 "놀러들 오시라"고 말했다.

사실 4·19를 일으킨 학생들은 '이승만 키즈(kids)'였다. 그들은 대한민국 건국 후 이승만이 단행한 농지개혁과 교육에 대한 투자 덕분에 대학에 진학할 수 있었고, 그가 '민주주의'를 열심히 가르쳤기 때문에 3·15 부정 선거를 보고 '이게 민주주의냐?'며 떨쳐 일어날 수 있었기 때문이다.

국민들 역시 비록 4·19를 일으켜 이승만을 대통령 자리에서 물러나게는 했지만, 평생을 조국의 독립과 건국을 위해 헌신했던 '국부(國父)'에 대한 존숭(尊崇)의 마음은 변함이 없었다. "리박사 하야-만수무강"이라는 벽보가 이를 웅변한다.

어쩌면 하야한 국부와 그를 몰아낸 국민들은 행복한 동거(同居)를 할 수 있었을지도 모른다. '리 박사'와 벽안(碧眼)의 할머니가 손을 잡고 낙산을 산책하고, 동네 주민들은 이화장으로 놀러 가고….

*****

하지만 그런 꿈같은 일은 이루어지지 않았다. 이승만 부부가 그해 5월 29일 그의 건강을 걱정하는 하와이 교민들의 초청을 받아 2~3주 쉬고 오겠다며 하와이로 떠나자 〈경향신문〉은 그들을 '망명객'으로 만들어버리고 말았다. 더 나아가 이 신문은 이들 부부가 부정축재한 돈을 해외로 빼돌렸다고 대서특필했다.

둘 다 사실이 아니었다. 이동욱 기자는 이미 30년 전에 〈월간조선〉에 쓴 '우리의 건국 대통령은 이렇게 죽어갔다'라는 기사를 통해 이승만 부부는 '망명'을 떠난 것이 아니었고, 이 노(老)부부가 하와이에서 얼마나 가난하게 살았는지, 얼마나 조국으로 돌아오기를 갈망했는지를 밝혔다. 이 이야기는 그 후 책으로 나오기도 했다.

이 이야기를 읽을 때마다, 아니 생각하는 것만으로도, 늘 눈물이 먼저 나왔다. 바닷가에 나가서는 "저기가 우리 한인(韓人)들이 사는 데야"라면서 하염없이 서쪽 하늘을 바라보고, 양자인 이인수와 측근들 앞에서 "내가 한국 땅을 밟고 죽기가 소원인데… 여기서 죽으면 어떻게 해…? 모두 어떻게 할 작정이야?"라고 하소연하고, 5·16

군사정부의 홍보영화에서 열심히 국토건설사업을 하는 동포들의 모습을 보면서는 "한인들 잘 허네! 아, 왜들 이렇게 안 해?"라며 박수를 유도하던 이승만, '한국으로 돌아갈 비행기 삯을 마련하려면 돈을 아껴야 한다'는 그의 성화에 시달려야 했던 프란체스카 여사….

특히 1962년 3월 17일 귀국길에 오르려다가 귀국할 수 없다는 정부의 통보를 접하고 이승만이 "내가 가는 것이 나라를 위하여 나쁘다면, 내가 가고 싶어 못 견디는 이 마음을 참아야지…"라며 눈물을 글썽였다는 대목에서는 읽을 때마다 눈물이 쏟아지곤 했다. '나라를 위하여…'라는 말보다 더 이승만이 평생 지향한 바를 잘 보여주는 말이 또 있을까?

결국 노환이 급격히 악화된 이승만은 결국 1965년 7월 19일 하와이 마우나라니 요양병원에서 쓸쓸히 세상을 떠났다.

만일 누군가가 '이승만'에 대한 영화를 만든다면, 더도 말고 덜도 말고 이동욱 기자가 쓴 '우리의 건국 대통령은 이렇게 죽어갔다'를 바탕으로 해서 이승만 부부의 하와이에서의 5년에 대한 영화를 만들면 좋겠다는 생각을 늘 해 왔다. 조국을 사랑했지만, 조국을 떠나서 '망명 아닌 망명' 생활을 하면서 쓸쓸히 죽어간 노(老)애국자와 그의 아내 이야기를 그냥 수채화처럼 담담하게 그려낸 영화 말이다.

*****

어쩌면 오늘날 대한민국이 이 지경이 된 것은 그 업보(業報)인지도 모른다. 장면(張勉) 정권도, 박정희(朴正熙) 정권도 그를 부정했다. 그 이후의 정권들은 아예 망각해 버렸다. 국민들도 처음에는 먹고 살기에 바빠서 그를 잊었고, 먹고살 만해진 다음에는 자기들이 잘나서 그런 것으로 착각했다. 음수사원(飮水思源)의 정신을 잊어버렸다. 누구도 이승만에 대해 가르치지 않았고, 누구도 이승만을 기억하지 않았다. 보수(保守)의 뿌리는 좌파가 흔들기

전에 그런 식으로 먼저 흔들리기 시작한 것이다. "사람은 반드시 스스로 업신여길 만한 짓을 한 뒤에 남이 그를 업신여기며, 집은 반드시 스스로 자기 집안을 망친 뒤에 남이 그 집안을 망치며, 나라는 반드시 스스로 자기 나라를 망하게 할 만한 짓을 한 뒤에 남이 그 나라를 멸망시킨다"는 맹자(孟子)의 말 그대로였다.

또 하나, 지금 대한민국이 이 지경이 된 것은 '이승만 망명'이라는 거짓 하나 바로잡지 못했기 때문이다. 언론이 사실이 아닌 것을 '특종'이라고 내보냈다. 이동욱 기자를 제외하고는, 50여 년이 넘도록 그걸 바로잡으려는 사람이 없었다. 사실이 밝혀진 다음에도 그 사실은 널리 알려지지 않았다. 여전히 대다수 국민들은 '거짓'을 '진실'로 알고 있다. 비단 '이승만 망명'에 그치는 일이 아니다. 일일이 거론하지는 않겠지만, 건국 이후 오늘날까지 고비마다 크고 작은 '거짓'들이 이 나라 역사를 뒤틀리게 하지 않았던가? 지금도 마찬가지다. 심지어는 '거짓'으로 '거짓'과 싸우겠다는 사람들마저 나오는 지경에 이르렀다.

대한민국은 지금 존망(存亡)의 기로(岐路)에 서 있다. 1945년 이후 형성된 국제 질서가 바탕에서부터 무너져 내리고 있고, 경제 전망도 어둡기만 하다. 어쩌면 지금 대한민국의 사오십대는 대한민국 현대사에서 자기가 물려받은 것보다 못한 나라를 자식들에게 물려주는 첫 번째 세대가 될지도 모른다. 지금 잘못된 선택을 하면, 5년, 10년이 아니라 100년, 200년이 잘못될 수도 있다.

"경제에서나 국방에서나 두 발로 굳건히 서서 두 번 다시 종의 멍에를 매지 말아야 한다"고 한 국부의 유언은 그래서 더욱더 가슴을 울린다. 그것이 지금 이 시대에 이 책을 읽어야 하는 이유이기도 하다.

추천의 글

보수와 진보의 나침반이 되어 줄
『건국 대통령의 삶과 죽음』

손병두 · 대한민국역사와미래재단 이사장

손수건이 필요한 얇지만 묵직한 책

1960년 4·19때 저는 대학교 1학년생이었습니다. 3·15 부정선거를 규탄하기 위해 경무대 앞까지 갔던 사람입니다. 그날 이후 이승만은 저의 머릿속에서 지워졌습니다. 그 사이 반(反)대한민국 세력은 이승만을 온갖 거짓말과 왜곡으로 '독재자'요, '친일파와 매국노의 아버지'라는 굴레를 씌워 유폐시켜 버렸습니다. 그러나 제가 나이 들고 철이 들면서 '이승만이 없었으면 오늘날 대한민국은 없었다'는 사실을 깨닫게 되었습니다. 그 분께 무척 죄송했습니다. 속죄의 마음으로 「이승만대통령기념관」을 건립하기로 마음먹었습니다. 2021년 8월 15일 인보길,

신철식, 유석춘 등과 함께 추진단을 꾸리고 독지가들의 도움을 받아 사이버 공간에서 「이승만 건국대통령 VR기념관」을 개관하게 되었습니다. 그 후 박범진 의원이 이승만 대통령을 어떻게 현양(顯揚)하면 좋겠느냐고 해서 먼저 4·19 주동세력이 이승만 대통령의 묘소를 참배하고 화해하는 것이 좋겠다고 권했습니다. 박 의원이 당시 주동자 중의 한 분인 이영일 의원과 상의하겠다고 하여 2023년 3월 26일 4·19 주동세력 100여 분이 이승만 대통령 묘역에 모여서 참배 화해하였습니다. 그 뒤 4월 19일에 양자인 이인수 박사가 4·19 묘소를 방문하여 사과의 성명을 발표하고 화해의 화답을 했습니다. 지금은 제가 「이승만대통령기념관 건축추진위원회위원장」을 맡아 기념관 건축을 위해 애쓰고 있습니다. 이러한 때 이동욱 기자가 '보수나 진보들도 몰랐던 건국 대통령의 삶과 죽음'이라는 책을 보내왔습니다. 저는 이 책을 읽고 그분을 제대로 모시지 못한 자괴감으로 가슴이 먹먹해지고 저려왔습니다. 다시 한 번 그분께 송구한 마음이 사무쳐서 회한의 눈물을 흘려야 했던 것입니다.

이 책에는 대한민국 국민이라면 누구나 알고 있다고 자신하지만, 대개는 잘 모르는 우리의 건국 대통령 이승만 박사의 진면목이 담겨 있습니다. 결국 이 책은 이동욱 기자가 취재를 통해 복원한 '건국 대통령에 관한 감동과 눈물의 보고서'인 셈입니다.

현재 대한민국은 비상 계엄 – 대통령 탄핵 – 대통령 선거 – 정권교체라는 국가 규모의 권력 이동을 피 흘리는 사람 하나 없이 법적 프로세스를 통해 처리하는 중입니다. 세계사적 관점에서 본다면, 참으로 놀라운 장면이기도 합니다. 이것은 자유민주주의를 이 땅에 심은 건국 대통령 이승만 박사의 덕분이라고 할 수 있겠습니다.

그러나 국내의 보수와 진보 진영 간에는, 이러한 상황이 사뭇 우려도 됩니다. 보수 진영은 자유민주주의의 보수적 가치를 잃고 막다른 골목 끝 극단에서 헤매는 중이고, 정치적 어부지리를 얻은 진보 진영은 자신들이 마치 자유민주주의의의 헌법을 수호해 온 세력인 양 마냥 기고만장하는 중입니다. 이로 인한 혼돈과 혼란, 갈등으로 인한 분열의 치유방법은 차분한 역사적 복기(復棋)에 있다고 봅니다.

이러한 문제의식을 갖고 집필된 이 얇은 한 권의 책은 대통령직에서 물러나 '권력의 갑옷을 벗은 늙고 병든 인간 이승만의 말년'을 묵묵히 정리함으로써 오히려 독립운동가이자 건국 대통령으로서 이승만 박사가 어떻게 살아왔는지를 역설적으로 웅변하고 있습니다. 얇지만 읽고 나면 우리가 놓친 것들이 무엇인지를 다시 생각하게 만들고, 우리의 어리석음을 반성하게 하고, 좌절 끝에 다시 일어서게 만드는 참으로 묵직한 책입니다. 동시에 보수와 진보들에게 방향을 제시하는 나침반이 되어 주는 책이기도 합니다. 새로운 출발에 참고서가 되기를 바랍니다.

제가 읽어 본 이 책의 주요 부분들은 다음과 같습니다.
서두에 이 땅의 보수와 진보들에게 쓰여진 '계엄의 밤'과 관련된 글은 한국 현대사를 재정립하는 데 도움이 되는 글입니다. 이동욱 기자는 '보수가 병들면 극우가 설치고, 진보가 병들면 극좌가 대두한다'면서 우리의 현대사적 경험을 상기시킵니다. 이승만 건국 대통령이 '합리적 보수와 합리적 진보'가 대한민국의 양 날개가 되기를 원했을 것이라는 추정도 참으로 신선하며 납득할 만할 겁니다.

본론의 제1장 '보수와 진보 - 두 진영의 기원'은 요즘 세대들에게는 생소한, 그러나 엄연한 한국 정당사(政黨史)의 '팩트'를 다루고 있습니다. 여당인 자유당(自由黨)은 정치투쟁의 경험이 전혀 없던 '금수저를 물고 태어난 정당'이었고, 야당인 한국민주당(韓國民主黨)은 '논공행상에 불만을 품고 정부가 출범할 때부터 反독재·反이승만 노선을 걷기 시작한 최초의 정당'임을 밝혀 민주화 운동의 기원을 알게 해 줍니다. 양 진영 모두 안타까울 정도의 부족함으로 점철되어 있었지만, 그분들 모두가 사실은 대한민국을 세우신 '건국의 아버지들(Founding Fathers)'이셨습니다. 당시 우리의, 모자라지만 그것이 최선이었던, 모습 그대로였던 겁니다.

제2장 '하와이 요양이 망명으로 바뀐 까닭'에서는 필자가 기자답게 1960년 5월29일자 경향신문의 이승만 망명

특종 보도를 한 윤양중(尹亮重·2018년 작고) 기자를 2013년 2월 초에 찾아가 사실 확인을 하는 과정이 담겨 있습니다. 오보(誤報)가 역사가 되고, 우리는 한동안 거짓을 사실로 믿고 살아온 셈입니다. 그리고 지금도 잘못 쓰여진 역사를 바로 잡지 못하고 있습니다.

제3장부터 7장까지는 이승만 박사 부부가 보름 정도 요양차 하와이로 떠났지만, 정작 고국에서는 망명도주한 파렴치한으로 몰린 채 끝내 귀국하지 못하고 이역만리 고도 하와이에서 숨을 거두게 된 과정을 담고 있습니다. 필자 이동욱 기자는 1995년에 처음 취재한 글을 월간조선에 게재했고, 30년 뒤인 2025년에 이렇게 책으로 출간합니다. 그 사이에 많은 부분들이 업데이트가 되었고, 특히 2015년에는 하와이로 날아가 현지에서 체감한 진솔한 소감들이 이 책 곳곳에 녹아 있음을 확인할 수 있을 것입니다. 깊은 울림과 감동에 예민한 분들은 손수건을 준비하시는 편이 좋을 듯합니다.

내가 아는 이동욱 기자 - '현대사 복원의 전문가'

신파조가 아닌데도 이 글은 많은 이들의 가슴을 울리게 하는 힘이 있습니다. 이동욱 기자는 언젠가 저에게 "팩트의 힘이지요"라며 겸손하게 말한 바가 있습니다. 사실, 우리가 잘 몰라서 그렇지 이동욱 기자는 〈이승만 하와이 유배기〉로서 『우리의 건국대통령은 이렇게 죽어갔다』는 기사문을 쓴 것 이외에도, 현대사의 주요 대목마다 깊숙하게 취재하며 진실을 캐냄으로써 역사적 사실을 복원해 온 '현대사 복원의 전문가'입니다. 그의 노력과 결과물들은 지식인들의 올바른 판단에 큰 기여를 해 온 것이 사실입니다. 그중 대략 기억나는 몇 건만을 소개한다면, 1968년의 〈반공소년 이승복 사건의 진실〉을 찾아 복원한 『울진삼척 무장공비 침투사건』이 있는가 하면, 13대 대통령선거가 부정선거라는 루머가 지금처럼 떠들썩할 때가 있었지요. 그 때도 그 어떤 기자도 이 문제를 취재한 바 없었지만 이동욱 기자만이 자유기고가의 신분으로 〈음모론〉을 끝까지 취재해서 월간조선 1994년 12월호에 실었습니다. 「컴퓨터 부정선거설,

그 시작과 끝」이란 제목입니다. 1998년 조갑제 기자가 쓴 박정희 대통령 평전 '내 무덤에 침을 뱉어라'의 책도 이동욱 기자와 공저라고 할 수 있을 정도로 집필에 크게 기여했습니다. 뿐만아니라 2014년 4월 16일 세월호가 침몰했을 때에는 한국 언론 사상 유일하게 잠수 취재까지 해 가며 〈세월호 침몰 사고의 진실〉을 찾아 역작『연속변침』을 책으로 쓰기도 했고, 5·18 민주화운동 진상규명조사위원회 위원으로도 활동했습니다. 어쩌면 제가 아는 한, 보수 진영에서 5·18 민주화운동을 가장 많이 연구한 기자이기도 할 것입니다. 그런 이동욱 기자가 5·18 관련 조사를 하는 지난 4년 반 동안 보수와 진보 두 진영에서는 돌팔매질을 해대기 일쑤였습니다. 그가 주도적으로 「5·18 광주 북한특수군 침투설」을 조사해 거짓임을 밝힌 덕분에, 보수 진영으로부터 무려 여섯 번이나 고소를 당하기도 했고, 진보 진영에서는 과거의 발언 하나를 꼬투리 삼아 30년 가까이 이동욱 기자에게 돌팔매질을 해 오는 중입니다. 그런 이동욱 기자가 가끔 힘들 때면 제 연구실을 찾아 와 하소연을 하다 돌아가곤 했습니다.

심층 취재의 달인인 이동욱 기자는 힘들 때마다 자신도 모르는 질문을 하나 던지곤 갑니다. "왜 열심히 살면 살수록 더 가난해지고 돌팔매질을 당하는지요?" 이동욱 기자의 그 질문을 들을 때마다 제 마음도 함께 아려오던 기억들이 있습니다.

지난 2013년, 제가 박정희 대통령 기념재단 이사장으로 재직할 때는 이동욱 기자가 자문위원으로 저와 함께 일한 적이 있었습니다. 당시 이동욱 기자에게 집행권한을 주었더니 누구도 시키지 않았던 전국에 산재한 역대 대통령 기념관들을 모두 발로 뛰며 취재하고 박정희 대통령 기념관의 문제점들을 지적하는 보고서를 만들어 발표를 했습니다. 그리고 마침내 모든 이사진들을 설득해서 리모델링을 하게 되었습니다. 불과 3개월만에 해 낸 성과였습니다. 돌아보면 이동욱 기자의 추진력으로 더 많은 일들을 할 수 있었을 텐데, 제 건강이 악화되는 바람에 그 이상의 전진을 하지 못해 안타까웠습니다.

언제나 정직한 길을 걸어가려 애쓰는 이동욱 기자는 제

가 아는 한 참으로 패기 넘치고 용기 있는 기자입니다. 그런 친구도 벌써 65세가 넘어가고 있다는 사실을 새삼스럽게 알게 되었습니다. 우리 시대를 함께 달려 온 저의 동지이자 아끼는 후배인 이동욱 기자가 다시 한 번 혼신의 힘을 다해 써낸 『보수나 진보들도 몰랐던 건국 대통령의 삶과 죽음』 별칭 〈이승만 유배기〉를 일독하실 것을 강력하게 추천합니다.

1장

보수와 진보 - 두 진영의 기원

제2차 세계대전 후 독립한 인구 2,000만 명 이상의 개발도상국 중 70여 년 만에 선진국으로 진입한 나라는 대한민국이 유일하다. 최빈국에서 출발해 가장 짧은 시간에 가장 큰 경제발전을 이룩한 세계 유일의 국가다. 그런 나라를 건국한 대통령이 쫓기듯 망명해 버렸다는 역사를 부끄러움도 없이 버젓이 기록하고 있는 나라도 대한민국이 유일하다.

대한민국 최초의 정당 '한민당'은 친일 경력 때문에 국민으로부터 버림받았다. 이승만 대통령으로부터 국무총리직이 거부되자 한민당은 "이승만에게 배신을 당했다"며 反독재 민주화투쟁을 시작한다. 이것이 진보 진영의 기원이다.

건국 대통령을 지지한다던 '자유당'은 "이제는 쉬고 싶다"는 팔순 노인을 기어코 4선으로 출마케 하고 자기네들은 앞장서서 부통령 선거에 부정을 저질렀다. 그리고 그 책임을 오롯이 늙은 대통령에게 떠 넘겼다. 이것이 보수 진영의 기원이다.

보수와 진보 - 두 진영의 기원

최초의 정당 - 야당 한민당

1945년 8월 15일 해방과 함께 남북 분단이 되자마자 여운형(呂運亨)을 중심으로 한 건준(建準)이 '인민공화국'을 선포(9월 6일)한다. 북쪽에 진주한 소련 군정과 연계하는 좌익의 선수(先手)에 자극받은 우익들은 9월 16일에 '한국민주당(한민당)'을 창당했다. 민주주의에 대한 그 무엇도 없이 민주주의를 표방한 한민당은, 조선총독부와 대립하며 민족을 대표하던 민족운동가와 민족자본가들중 우익 인사들로 결성된 '보수·반공연합체'의 정당이었다. 일제 당시 서구권으로 유학을 다녀온 사람들이 많이 참여해 미 군정과 협조가 가능했고, 자유민주주의에 대한 이해도 상대적으로 높았다. 이들이 정당이 없던 이승만과 협조하며 대한민국 건국에 기여했다.

그러나 1948년 5월 10일 제헌의회 선거에서 한민당은 90명을 공천했으나 29석에 그쳐 소수당으로 전락했다.[01] 미 군정 3년간 한민당의 여러 인사들이 주요 권좌에 앉아 민심을 얻을 기회가 있었음에도 불구하고 일제 36년간 한 맺힌 민중들의 마음을 돌리는 데는 실패한 셈이었다. 친일 경력을 시비 삼은 좌익들의 적극적인 반대가 한몫했다. 떠난 민심이 득표수로 드러났음에도 한민당은 초대 대통령 이승만에게 외무장관 조병옥(趙炳玉), 상공장관 김도연(金度演), 기획처장 김준연(金俊淵), 법제처장 강병순(姜秉順)을 천거(요구)했다. 한민당 내부에서는 국무총리로 김성수(金性洙)가 지명될 것으로 보고 있었다. 그러나 이승만은 한민당 위원장 김성수에게 재무장관을 맡아줄 것을 부탁했다. 당연히 김성수는 그 자리에서 거부했다.

이승만은 다음 날 성명을 통해 "국민의 지지를 받지 못하는 정당으로 정권을 잡는 것은 전민족의 대다수가 바라

---

01 제헌국회 원내 의석수 198석 중 대한독립촉성국민회가 53석, 한민당 29석, 대동청년단 6석, 기타 11석이었으며 무소속이 85석으로 가장 많았다. 출처 『한국야당사』, 1992. 이기택 p.19

는 바가 아니며, 그런 정당의 한 유력인사가 정권을 잡게 되면 대다수 동포에게 낙망될 것"임을 천명했다. 이승만으로서는 국민으로부터 신임을 잃은 한민당을 중심으로 내각 구성을 할 수가 없는 '현실'이 있었다. 그러나 한민당의 입장은 현실이 아니라 '감정'이었다.

배신감으로 시작된 '反독재 민주화 투쟁'의 길

해방 직후부터 3년 내내 이승만을 지지해 왔던 한민당으로서는 이승만의 '현실적인 성명'이 곧 이승만의 '배신'이었다. 이승만에게 불만을 품은 한민당은 공개적으로 대통령의 노선에 반대하는 '야당의 길'을 걷게 됐다. 그런 한민당의 '배신감'에서 시작된 '복수심'이 '反독재 민주화 투쟁'으로 오늘날까지 이어져 오는 중이다.

이승만과 결별한 한민당은 당세의 강화라는 명분으로 '대한국민당'과 합당해서 '민주국민당'을 창당(1949년 1월

26일)했고 '민주국민당'(민국당) 또한 反이승만 노선을 천명하면서 1955년 9월, '민주당'으로 재창당하며 反독재 민주화 투쟁의 선봉이 되었다.

실상, 조선시대의 임금 독재, 대한제국의 황제 독재, 일제의 총독 독재, 미 군정의 군정 독재로부터 단 한 번도 민주 통치의 경험이 없었음에도 불구하고 민주당은 권력투쟁의 명분만은 제대로 잡은 셈이었다. 특히 민주당은 자유민주주의자 이승만 대통령에 의해 보장된 '언론의 자유'를 만끽하며 동아일보와 경향신문을 당 기관지처럼 활용하여 이승만 정부와 정치 투쟁을 벌여나갔다.

그때부터 시작된 민주당의 긴 여정은 집권 여당으로부터의 탄압을 불러 풍찬노숙(風餐露宿)으로 견뎌야 하는 고난의 행군을 이어가야 했다. 때로는 지나친 급진성으로 정치적 손실도 감수해야 했지만 민주화를 위한 투쟁을 포기하지는 않았다. 정권으로부터 탄압받는 입장에서는 사회적 약자와 사회적 불평등 해소 등을 아젠다로 삼을 수밖에 없었고, 자연스럽게 이념의 진보성을 띄게 되었다. 진보 진영의 태동은 이런 배경하에서 이루어졌다.

스물두 살 때부터 고종(高宗) 퇴진 운동을 벌이다 사형수가 되는 등 정치인으로서 불굴의 투혼을 보여준 이승만처럼, 민주당 역시 정당인으로서 불굴의 투혼을 입증하는 인물들을 배출 해 온 셈이었다.

그러나 진보 진영이 저항과 투쟁, 금기의 타파를 통한 사회 개혁에 일조해 온 것은 분명하지만, 그것이 과연 자유민주주의를 위한 투쟁이었는지, 혹은 단순히 反이승만 노선을 따라 또 다른 붕당(朋黨)으로 모여든 기득권 추구 세력에 불과했는지는 현재로서는 명확하지 않다.

금수저를 물고 태어난 거수기 정당 - 자유당

한편, 최초의 집권 여당인 자유당은 이승만이 대통령으로 집권한 지 3년이 지나서야 창당된다. 자유당은 1951년 12월 23일, 대통령 직선제를 관철하기 위해 창당한 정당이었다. 애초에 정당으로서 권력투쟁의 경험도 없었고, 권력이양의 경험도 없었다. 자유민주주의에 대한 투

철한 고민과 신념보다는 6·25를 치르면서 형성된 반공·국가주의[02]에 기댄 기득권 보호와 유지가 정당의 주된 목적에 가까웠다. 자연히 정치 문화는 조선조 사대부들의 붕당 정치 문화를 답습하는 경향이 강했으며. 이것이 자유당에 자유주의 정치사상이 없는 이유가 되기도 했다. 이승만은 위대한 사상가요 정치가로서 한반도의 대륙문명을 해양문명으로 대전환시킨 거인(巨人)이었지만, 정당에 대해서는 소홀할 수밖에 없었다. 정당 조직의 양성은 팀워크가 필요한 일이며 한 개인의 뛰어난 능력으로는 불가능한 일이기 때문이다. 결과적으로 한국 보수정당의 태생적 한계가 문신(文身)처럼 남게 됐다.

---

02 일제에 의해 이식된 반공·군국주의가 해방 이후 반공·국가주의로 변화했지만 반공·자유주의까지는 발전하지 못했다. 특히 군부의 장기집권으로 인해 반공·국가주의가 친일 시비로부터 자유롭지 못한 이유가 되기도 한다. (필자 주)

자유당과 부정선거

1956년 대선이 끝난 후, 이승만은 더 이상의 대통령 선거 출마를 고사했다. 이승만은 보통의 경우라면 은퇴하고도 남았을 73세 때 제헌의회를 구성하고 대한민국을 건국했으며, 75세에는 북한의 기습 남침에 대응하여, 3년간 지속된 한국전쟁을 이끌었다. 그리고 81세 때에는 3선 출마로 당선되었으니, 기력이 소진되지 않는 것이 오히려 이상했을 것이다.

하지만 그를 옹립해 온 자유당 지지자들은 '대체불가'를 외치며 이승만을 권좌에 눌러 앉혔다. 그로써 이승만은 장기 집권자란 비난을 피할 길이 없게 됐다. 이러다 보니 여당이 아닌 야당에서 민주주의의 정통성이 뿌리내리게 되는 기형성을 갖게 되었다.[03]

---

03 흔히 건국 대통령 이승만의 장기집권을 두고 미국의 조지 워싱턴이 재선 후 퇴임한 사례를 든다. 그러나 당시 미국은 워싱턴을 제외하고도 자유민주주의를 신봉하는 출중한 인재들이 넘쳐났다. 내각제의 압력에 시달리던 한국과 달리 미국은 조지 워싱턴의 신념을 이을 후계 구도가 얼마든지 가능했다. 장기집권과 관련해서는 프랭클린 루즈벨트의 사례를 살펴보아

헌법에서도 그러한 기형성이 존재했다. 당시 우리 헌법은 미국의 정치구조를 모방하여 부통령도 선출하게 돼 있었다. 다만, 미국처럼 대통령이 선출되면 런닝메이트가 부통령으로 자동당선되는 것이 아니라, 부통령도 선거를 통해 별도로 선출하게 돼 있었다. 이것이 부정선거의 비극을 잉태한 씨앗이 될 줄 아무도 몰랐을 것이다.

부통령 제도의 근본 목적은 대통령이 임기를 마치지 못한 채 사망하는 유고(有故) 상태가 되면 통수권의 공백을 최소화하기 위해 부통령이 통수권을 인계받도록 함이었다. 대통령과 부통령이 같은 정당이라면 아무 문제가 없겠지만 당시의 한국과 같이 서로 다른 정당에서 선출될 경우는 난감한 일이 벌어질 수 있었다. 즉, 대통령은 여당인데, 부통령은 야당일 경우, 유고 상태에 통수권만 자동적으로 부통령에게 위임되는 것이 아니라 정당 전체가 여야 교체가 되어 권력구조가 바뀌게 되는 것이다. 대선도 치르지 않은

야 한다. 그는 1933년부터 1945년까지 4선을 역임한 대통령이었다. 이승만 대통령만 장기집권한 것은 아니었다. (필자 주)

경무대로 향하는 시위대. 서울 광화문에서 경무대로 올라가던 시위대가 경찰과 대치하고 있다. 4·19혁명은 3·15선거 당일 마산시위에서부터 시작하여 이승만 대통령이 하야했던 4월 26일까지 전국적으로 186명의 사망자와 6천 26명의 부상자를 기록했다.

채 국민의 의사와 무관하게 권력의 주인이 바뀌는 것이다.

특히 1960년 3·15선거에서는 자유당의 대통령 후보 이승만 박사의 경쟁자인 민주당의 조병옥(趙炳玉) 후보가 신병 치료차 도미했다가 의료사고로 사망했다. 이로써 이승만이 단독 후보가 되면서, 사실상 당선은 결정된 것이나 마찬가지였고, 자유당은 대통령 선거에 별다른 신경을 쓸 필요조차 없게 되었다.

문제는 부통령 선거였다. 이미 1956년 선거에서도 자유당의 이기붕(李起鵬) 후보(44.03%)와 민주당의 장면(張勉) 후보(46.43%)의 경쟁이 있었지만 이기붕 후보의 경쟁력은 약했다. 그런데 1960년에 치러질 선거에서 민주당이 부통령 선거를 이긴다면 이미 84세로 고령인 이승만 대통령이 임기 내에 유고가 발생할 가능성이 매우 컸다. 그럴 경우 권력은 자연히 민주당으로 이동하게 된다. 1956년 이후 이승만 대통령은 심한 노쇠 현상을 보이고 있었고 초기 치매 증상도 겪고 있었다.

이런 이유로 자유당은 조직적으로 관권을 동원해 가며

부통령 선거에 개입하게 됐다. 그 결과 부통령 선거의 결과는 이기붕 79.19%, 장면 17.51%였다. 유권자들은 수긍하지 못했다. 개표소에서 유권자보다 많은 기표 용지가 발견돼 유권자들의 항의가 쏟아졌다.

특히 마산에서는 1만여 명이 부정선거에 항의하는 유혈 시위를 벌였다. 시위대를 향해 경찰이 무차별적으로 최루탄과 실탄을 발포하는 가운데, 마산상고 1학년 김주열(金朱烈) 군이 실종되었다. 그리고 4월 11일, 그의 시신은 오른쪽 눈에 최루탄이 박힌 채 마산 앞바다에서 떠올랐다. 시위는 삽시간에 들불처럼 전국으로 번져나갔다. 4월 18일에는 시위중이던 고려대 학생들을 반공청년단이 습격하는 사건이 벌어졌다. 그러자 4월 19일 오전부터 3만여 명의 대학생과 중고생이 거리로 쏟아져 나왔다. 4·19혁명이었다. 이때 186명의 시민이 사망했다.

가장 늦게 알게 된 대통령

총포 소리가 경무대에까지 들리자 대통령이 무슨 일이냐고 물었다고 한다. 그러자 "각하의 당선을 축하하는 축포를 쏘는 겁니다"라고 했다는 것이다. 비극의 실체를 알아차리게 된 때는 경무대 발포 이후의 일이었다. 대한민국 대통령이 대한민국 국민 중 가장 늦게 실상을 알게 된 것이다.

내각 총사퇴(4월 21일)가 있고, 허정(許政) 외무장관이 과도 정부 수반(4월 24일)이 되었다. 그 사이(4월 23일) 대통령은 서울대병원에 입원한 부상 학생을 찾아 손을 어루만지다 눈물을 글썽이며 이렇게 말했다.

> 장하다…장하다…젊은이들이 불의를 보고 일어서지 않으면 젊은이가 아니다. 어떻게 백성을 죽일 수가 있어? 내가 그만두면 사람들이 더 안 다치겠지….

이승만이야말로 전제정치(專制政治)의 불의(不義)를 보고 고종 퇴진 운동을 시작으로 자유를 향해 평생을 달려온 투사였다. 60여 년 뒤 자신이 세운 나라의 청년들이 자신을 향해 불의를 외치며 달려들고 있을 때 이승만은 "장하다"며 격려한 것이다.

이승만은 주변 여러 인사들의 만류에도 불구하고 스스로 사퇴성명서를 작성했다.

국민이 원하니 대통령직을 사퇴하겠다. 3·15 선거를 다시 하겠다. 이기붕을 모든 공직에서 물러나도록 했다. 내각제 개헌을 하겠다. 38선 이북에서 우리를 침입하고자 공산군이 호시탐탐 기다리는 것을 명심하라.

4월 26일 이승만은 12년간 머물렀던 대통령직에서 하야하고 이화장까지 승용차로 이동했다. 이승만 대통령 모르게 자유당이 '부통령 선거 부정'을 저지르다 발생한 사태였지만, 자유당은 사과 성명 하나 발표한 바 없었다. 그나마 다행스러운 점은, 이승만을 권좌에서 물러나게 한 4·19혁명이 이승만의 자유민주주의 헌정 체제를 부정하는 것이 아니라 강화하는 호헌혁명이었다는 사실이었다.

이화장 가는 길의 시민들은 그런 이승만과 이미 화해하고 있었다. 시민들은 '노후에 편안하시라' '리박사 하야-만수무강'이라는 벽보를 내걸었다. 이화장 담장 너머로 시민들과 이야기를 나누던 이승만은 "놀러들 오시라"고 화답하기도 했다. 그러나 언론과 반정부 지식인들은 여전히 적대적이었다. 건국 초기에, 한민당에서 비롯된 反이승만의 감정이 그렇게 뿌리 깊게 퍼지고 있었던 것이다. 그들은 이승만이 머지않아 망명을 떠날 것이라고 확신했다.

"한 오십 년은 유능한 인물들이 나와서 이끌어야"

하야 후 이화장에 머물고 있을 때 열두 살 아래인 대만의 장제스(蔣介石) 총통이 위로 전문을 보내자 이승만은 다음과 같은 답신을 보냈다.

"나는 위로 받을 필요가 없다네. 불의에 궐기한 백만 학도가 있고, 정신이 살아있는 국민이 있으니 나는 지금 죽어도 여한이 없다네. 우리나라의 미래가 밝아서."

이 단순한 구어체의 문장이 명문인 것은, 시대가 바뀌어도 그 내용의 가치가 변치 않기 때문이다.

이승만은 재임 기간 내내 야당으로부터 독재자라는 비판을 받았고, 사후에도 그러한 비판은 사라지지 않았다. 그러나 그 책임의 절반은 이승만을 옹립해 온 보수 진영의 게으름에 있을 것이다. 전 세계 독재자들 가운데, 자신을 비판하도록 민주주의 교육을 시킨 독재자는 존재한 바가 없다. 이승만이야말로 그가 만든 교육제도를 통해서 자라난 청년들에 의해 대통령직에서 물러난 유일한 지도자였다. 물러날 때조차 그는 장제스에게 보낸 답신처럼 죽어도 여한이 없었을 것이다. 자신이 바라던 대로 정의롭고 민주적인 청년들이 성장하고 있었기 때문이다.

이승만은 평생을 병든 보수와 병든 진보, 양쪽 모두로부터 외면받고 버림받은 삶을 살다 갔다. 생전에 그는 518년간 이어진 조선왕조의 정치 문화에 젖어 있던 우리 국민들이 개인의 근본적인 자유의 가치를 자각하고 스스로 독립해 일어설 때 비로소 건강한 정당 정치의 문화가 가능하다고 보았다. 이승만은 "우리나라는 한 오십 년 정도는 유능한 인물들이 나와서 이런 국민들을 이끌고 가야 할 것"이라고 예상했었다. 건국 당시 정당 구축에 힘을 쏟지 않았던 이유이기도 하다.

비록 자신은 4·19로 하야했지만, 그가 세운 대한민국은 그 후로도 박정희-전두환-노태우-김영삼-김대중-노무현 등으로 이어지는 유능한 인물들에 의해 국가가 성장할 수 있었다. 그리하여 원조수혜국에서 원조공여국으로 성장한 세계 유일의 국가가 되었다. 이승만의 선견지명대로 한 오십 년이 지나고, 이제는 더 이상 '영웅같은' 유능한 인물이 아니라 민주적 리더십을 바탕으로 성장한 지도자를 맞아야 하는 시대로 접어들었다.

이제 1960년 당시로 돌아가 보자. ●

2장

하와이 요양이 망명으로 바뀐 까닭

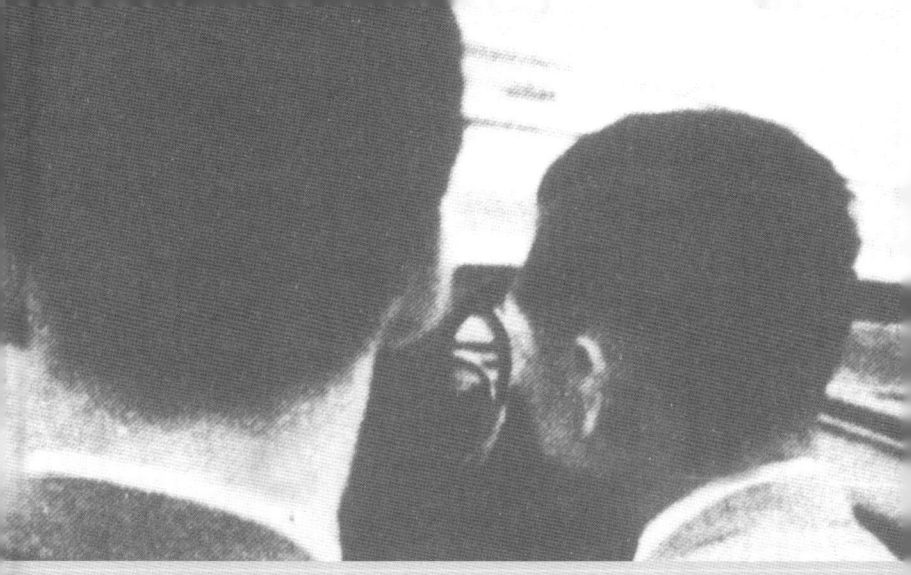

이승만이 거주했던 이화장에는 모든 자료와 짐들이 고스란히 남아있다. 망명객의 텅 빈 집이 아닌 것이다.

그는 망명 간 적이 없었다. 다만 꿈에도 그리던 고국으로 돌아오지 못했을 뿐이다. 보수와 진보 두 진영이 그렇게 기록해 두었을 뿐이었다.

망명 갈 수밖에 없을 것이란 기자의 확증편향된 시각이 왜곡된 인터뷰 기사를 쓰게 했다. 오보(誤報)가 세계적 특종이 되는 순간 평생을 바쳐 나라를 독립시키고 대륙에서 해양으로 문명을 대전환시키며 '모든 권력의 원천은 국민'이라는 민주주의의 대원칙을 심어 준 이승만 전 대통령은 하와이에서 살아 돌아올 수 없는 운명이 되고 말았다.

하와이 요양이 망명으로 바뀐 까닭

하와이로 가게 된 계기

4·19로 대통령직에서 하야한 뒤 이승만 박사와 이화장으로 돌아간 프란체스카 여사는, "일요일에는 정동교회에 가서 교우들과 예배를 봤다. 대통령 건강을 위해 하와이로 가서 몇 주일 쉬고 오는 게 좋지 않으냐는 측근의 제의를 받았다"고 말했다. 이것이 하와이로 가게 된 계기였다. 그녀는 "우리는 2주일 내지 한 달 정도 하와이를 다녀올 수 있는 짐을 챙겼다"고 자서전 『대통령의 건강』에 기록을 남겼다.

5월 중순 무렵 프란체스카 여사가 하와이 출국을 위한 비자 문제로 주한 미대사관과 협의가 마무리되자 이승만의 제자이기도 했던 허정 대통령 권한대행은 하와이의 오중정(吳重政) 총영사에게 외교행낭 편으로 편지를 보냈다. "이 박사님 부부가 3주가량 요양하실 수 있도록 조치를 취해달라"는 요지였다. 이승만의 제자 윌버트 최, 최백렬(崔伯烈), 그리고 오중정 총영사가 모여 초청장을 보내고 조경사업을 하던 윌버트 최의 별장으로 모셔서 임시로 지낼 수 있도록 준비했다.

5월 28일 저녁 〈동아일보〉는, 다음 날인 29일자 신문을 발행하면서「이 박사 부처(夫妻) 해외망명설」이란 제하의 기사를 1면에 크게 내걸었다. 가판(街販)에서 많이 팔릴 수 있는 자극적인 제목이었다. 〈경향신문〉 윤양중(尹亮重) 기자는 새벽에 이화장에 가면 큰 기사를 건질 수 있을 거라는 익명의 전화 제보를 받고 달려갔다. 정치 담당 기자가 아니어서 〈동아일보〉 기사를 참고했다. 망명할 것이란 기사였다. 윤양중 기자가 사진기자와 함께 신문사 지프를 타고 이화장 밖에서 잠복대기하던 중인 오전 7시. 이승만과 프란체스카는 보름이나 길어야 한 달 정도 다녀올 짐을 챙긴 채 마당으로 나섰다. 대통령의 옷을 담은 트렁크, 여사

1960년 5월 29일 〈경향신문〉 석간 2면.
이날 새벽 제보를 받은 기자는 이화장에서부터 김포공항까지 뒤따라가 탑승기 내부에서 이승만 박사 부부와 단독 인터뷰를 했다. 그러나 기자는 '3주가량 요양차' 출국하는 이 박사 부부에게 '망명' 여부를 확인하지 않은 채, 망명으로 간주한 질문만을 했다. 서너 시간 뒤, 〈경향신문〉은 '하야한 건국 대통령의 망명'을 주제로 전면 보도를 했다. 오보가 역사로 둔갑하는 순간이었다.

의 옷가지와 소품을 담은 트렁크, 점심과 약품 상자가 든 가방, 그리고 평소에 사용하던 타자기가 전부였다. 마당엔 경호관들과 집사들이 도열해 있었다. 대통령은 "늦어도 한 달 후에 돌아올 테니 집을 잘 봐 줘"라고 부탁했다.

오보가 세계적 특종이 되면…

대통령을 태운 검은 세단이 경찰의 경호를 받으며 김포공항으로 달려갈 때 〈경향신문〉 기자를 태운 지프만이 뒤를 따라갔다. 공항에는 허정 수반과 이수영(李壽榮) 외무차관이 나와 이승만을 배웅했다. 이승만은 허정에게 "나, 하와이에서 잠시 쉬고 아이크가 오기 전에 돌아오겠소"라고 말했다. 아이젠하워 미국 대통령의 방한을 두고 한 말이었다. 허정은 "염려 말고 푹 쉬고 오십시오"라며 작별 인사를 했다. 당시 비행기는 하와이의 교민들이 비용을 모아서 자유중국 민항기를 전세 낸 것으로, 대통령이 도착했을 때 승무원들은 공항식당에서 식사 중이었다. 출발이 지연

되는 사이, 윤양중 기자와 사진기자는 비행기에 올라 대통령과 프란체스카 여사를 인터뷰 할 수 있었다.

> 윤양중 기자 - "지금 심정이 어떻습니까?"
> 프란체스카 여사 - "불명예스럽게 하야하고 나와서 여기에 있습니다."
> 윤양중 기자 - "또 하실 말씀 없습니까?"
> 프란체스카 여사 - "나는 한국을 사랑합니다. 아이 러브 코리아…"
> 이승만 - "조용히 가게 내버려두게. 그대로 떠나고 싶네."

이날 오후 〈경향신문〉은 호외를 뿌렸다. 저녁에 발행된 석간은 전체 4면 중 3면을 망명 특집기사로 다뤘다. '이승만 부처 돌연 하와이로 망명' '주인 잃은 이화장, 싸늘하고 빈 무덤 같아' '책상 위엔 펼쳐놓은 성경 한 권만' '저 개 좀 봐 저것만 남았군' '온돌방에는 파리채만 뒹굴어….' 이 기사 가운데에는 기내에서 이뤄졌던 위의 인터뷰 내용도 포함되어 있었다.

당시 일간지 85개, 주간지 376개, 월간지 200개로 언론의 자유가 구가되던 시대였다. 모든 언론들이 일제히 윤양중 기자의 기사를 따라 쓰며 이승만 망명을 보도했다. 멍석말이처럼, 누군가를 멍석으로 말아놓고 '딱지'를 붙인 채 돌팔매질을 하면 너도나도 함께 돌팔매질을 하던 조선시대의 문화 그대로였다. 왜, 어째서 망명을 하게 됐는지 근본적인 질문이나 기본적인 확인절차도 없었다.

　이승만은 1896년 〈협성회 회보〉를 시작으로 최초의 주간 신문사를 창간했고 1898년 4월 최초의 민간 일간지 〈매일신문〉을 창간·운영한 언론의 선구자였다. 그로부터 60여 년 뒤 자신의 후배 기자들에 의해 이승만은 모진 필화(筆禍)를 겪게 됐다. 그리고 거짓이 역사가 돼 버렸다. 이승만은 이역만리 하와이에서 90세로 눈을 감을 때까지 5년 2개월간을 수구초심(首丘初心)의 마음으로 고국을 그리다 눈을 감았다. 자신이 왜 고국으로 돌아가지 못하는지, 사람들이 왜 자신을 망명객이라 부르는지 잘 모른 채로.

　윤양중 기자가 기내에서 "왜 망명을 가시는 겁니까?"라

하와이 호놀룰루 공항에 몰려든 환영인파에 둘러싸인 이승만.

고 물어보았더라면 그는 어떤 대답을 들을 수 있었을까? 필자는 이 질문을 품고 다니다가 2013년 2월 초, 일민미술재단 이사장으로 재직 중이던 윤양중 선배 기자를 찾아갔다. 세계적 특종 기자로 영광의 관록을 가진 선배 기자에게 새까만 후배 기자가 쉽게 할 질문이 아니었다. 무척 머뭇거리다가 용기를 내서 물어보았다. 윤양중 이사장은 친절하게 이런 대답해 주었다.

"왜 망명을 가냐고요? 에이, 차마 그렇게는 못 물어보겠더라고요."

2018년 작고한 윤양중 이사장은 끝내 자신은 '망명'이라고 믿고 있었다. ●

3장

고도(孤島) 하와이

전직 대통령 부부를 태운 비행기가 김포를 떠났을 때 우리나라는 언론들에 의해 '난리'가 났다. "새벽같이 쥐도 새도 모르게 망명해 버렸다"고 허위 보도를 했기 때문이었다. 그로써 국민 모두가 '망명도주한 건국 대통령'을 역사로 간직하며 살게 되었다.

고도(孤島) 하와이

'쥐도 새도 모르게 망명'

1960년 5월 29일 오후, 이승만 대통령 부부가 탄 비행기가 김포를 이륙해 하와이로 날아가고 있는 동안 서울에서는 '난리'가 났다. '하야한 이승만 박사 부부가 새벽같이 쥐도 새도 모르게 망명해 버렸다'는 언론 보도 때문이었다. 지난 2024년 12·3 계엄 사태를 맞은 국민들처럼 경천동지할 충격이었다.

5월 29일 경향신문 석간은 4면 중 3면 전체를 할애해 특종 보도를 했고, 다른 언론사들은 뒤늦게 이를 받아 쓰며 이 박사 부부를 차갑게 대했다. 국회도 마찬가지였다.

한 정치인은 이승만 박사가 수천만 달러를 미국으로 빼돌렸다고 주장했고, 31일 김용갑(金容甲) 재무부 차관은, 집권 12년간 990만 달러를 부정지출한 혐의로 이 박사를 기소했다고 발표했다.

그러나 자유당 의원들은 이런 수모를 겪는 이승만 전대통령에 대해 누구 하나 나서서 입을 열지 않았다. 그토록 이승만을 대통령으로 옹립해야만 한다며, 이제는 쉬고 싶다던 팔순 노인을 끝내 4선에 도전하게 만들고, 그것도 모자라 자유당 출신의 부통령을 당선시키기 위해 전당적(全黨的) 차원에서 전국적인 부정선거를 주도해 놓고도 책임지는 사과 성명 한번 없이 그들은 등딱지 속으로 움추려 드는 자라 목처럼 숨어버렸다.

권력에 예민한 한국적 풍토속에서는 권좌에서 추락하면 으레 겪어야 하는 배신과 냉대와 수모가 한국인의 숙명인지도 모른다.

"한 3주일 쉬고 갈거야"

현지 시간으로 5월 29일 오후 2시 30분, 이 박사 부부만을 태운 전세 여객기가 하와이 호놀룰루 공항에 도착했을 때, '하와이 한인 동지회' 교포들이 마중 나와 있었고, 외신기자 100여 명이 몰려들었다. 출국 길의 공항과는 정반대였다. 하야한 대통령에 대한 의전 문제가 생기자 총영사 오중정 씨가 호놀룰루에 주둔 중인 미 육군과 태평양사령부 측에 대통령의 예우를 비공식으로 간청했다. 미국 측은 쉽게 양해해줘 세관 검색 등을 생략했다. 하와이 교민 측이 제기한 북한의 암살공작에 대한 우려를 불식시키기 위해 공항 옥상에 기관포를 거치시키기도 했다.

기내로 올라간 오중정 총영사가 본 광경은 썰렁하게 텅 빈 기내의 맨 뒷줄 가운데에 노 부부 두 분이 나란히 앉아 있는 모습이었다. 독립운동을 함께한 제자이기도 했던 오중정 총영사의 인사를 받고 이 박사는 반가워하며 "내가 여기 좀 쉬러 왔어. 한 3주일 쉬고 갈 거야. 오 영사"라고 했다. 트랩에서 내리는 이 박사 부부의 안전한 이동 통로를 마련하기 위해 경호 관계자들이 환영 인파와의 일정한 거리를 만들었다. 그러자 이 박사는 "이게 무슨 말이야.

내 동포에게 내가 못 간다니" 하며 군중 속으로 파묻혀 버렸다. 하와이 유력 일간지 〈에드버타이저〉 5월 30일자 신문은 당시 85세 고령의 이 박사가 한국 정부에서 주장하는 공금 유용설과 망명설을 전면 부정하며 "난 단지 쉬러 왔을 뿐"이라고 주장하는 기사를 내보냈다.

이승만의 제자이자 하와이에서 조경 사업으로 성공한 윌버트 최 씨의 별장이 이 박사 부부의 숙소로 제공됐다. 모두가 3주 정도 머물다 귀국할 것이라고 알았기 때문이었다. 이 시기의 기록은 1988년에 출간한 프란체스카 여사의 회고록 『대통령의 건강』에도 있다.

하와이에 도착한 후 독립운동 당시의 옛 동지들과 사랑하는 제자들을 만나게 된 대통령은 한결 즐거운 듯했고 건강도 좋아지는 듯싶었다. 우리는 별장에서 기거하며 옛 동지들과 제자들의 방문을 받기도 하고 초대에 나가기도 했다. 매주 일요일에는 독립운동 당시 대통령이 창립한 한인기독교회에 참석하여 다정한 교우들과 함께 예배를 봤다.

그러나 주일 예배에 참석한 것은 세 번 뿐이었다. 당시 하와이 주재 조선일보 통신원 차지수 씨의 기사를 살펴보면 이 박사가 망명 생활 동안 공적 모임에 모습을 나타낸 것은 다섯 차례에 불과했다. 교회에 세 번, 해양대학 훈련생의 하와이 친선 방문 때 한 번, 교포 목사 딸의 백일 잔치 때 한 번이다. 오중정 총영사는 애견 '해피'를 위한 세 번의 외출이 개인적으로 가장 큰 나들이였을 것이라고 했다. 윌버트 최 씨의 별장에서 머물던 이 박사 부부의 귀국이 계속 미뤄지자 측근들이 가장 먼저 취한 조치는 한국에 두고 온 애견 해피의 미국행을 서둘렀다.

반려견에게 위로받아야 했던 건국 대통령

뭉툭한 코에 처진 귀와 드문드문 노란 점이 있던 해피의 사진을 입수한 필자가 서울 충무로의 동물병원장 윤신근 박사로부터 '잉글리쉬 토이 스파니엘'이라는 확인을 받았다. 해피는 슬하에 자식이 없던 이 박사 부부로부터 끔

찍한 사랑을 받아왔다. 원래 이승만 대통령 부부에게는 여러 마리의 잉글리쉬 토이 스파니엘 계통의 강아지들이 있었다. 해방 직후 귀국한 이 박사 부부가 마포장에서 생활하고 있을 때 이기붕 박사가 가져와 기르던 개들이었다. 해피, 스마티, 그리티 등의 이름으로 기록되어 있는데, 그 중 특히 해피가 대통령 부부에게는 친자식만큼 끔찍했다. 이유가 있다.

대통령 부부가 경무대에서 지낼 때 네 번이나 새끼를 출산했던 해피는 6·25로 인민군들이 기습 남침하자 대통령의 거처와 집무실을 후방으로 옮기면서 다른 개들과 함께 현지에 남겨져야 했다. 기약 없는 이별 뒤에 적치하의 서울에서 개들은 뿔뿔이 흩어졌고, 누구도 이를 탓할 수도 없었던 시절이었다. 유엔군의 도움을 얻어 인천 상륙작전으로 서울을 되찾았은 뒤 이 대통령 부부가 경무대로 돌아온 지 사흘째 되던 10월 1일, 꾀죄죄한 몰골의 해피가 기적적으로 살아 경무대로 돌아온 것이다. 그때의 장면을 프란체스카는 기록으로 남겼다.

자녀가 없었던 이 박사 부부가 자식만큼 사랑하고 애지중지했던 애견 해피와 함께 하와이에서.

우리는 필동 한국의 집에서 밤을 지내고 다음 날 아침 다시 경무대로 돌아왔다. 멀리서는 아직도 포성이 들려오곤 했지만, 참으로 청명한 가을 날씨는 맑은 햇볕과 공기로 전쟁에 시달린 우리의 마음을 달래줬다. 그런데 해피가 나타났다고 소리치는 경호원들의 목소리가 들려왔다.

이미 굶어 죽었거나 행방불명된 줄 알았던 대통령의 애견 해피가 아닌가. 열어젖힌 현관으로 해피가 달려왔다. 해피는 곧바로 쏜살같이 대통령 품 안으로 뛰어들었다. 그것은 분명히 해피였다. 바짝 마르고 더러워질 대로 더러워진 해피였다. 워낙 갑작스럽던 피난길에 그를 돌보지 못했던 일이 떠올랐다.

약은 이 녀석이 그 험난했던 나날을 어디에 숨어서 무엇을 먹고 지냈을까? 이제 돌아온 주인 옆을 다시는 떨어지지 않으려고 저토록 정답게 반기는 모습에 눈시울이 뜨거워진 것은 나만이 아니었다.

중공군이 개입하며 전황이 어려워져 1951년 1·4 후퇴를 할 때에는 해피를 데리고 부산으로 이전했다. 다시 서울로

환도하여 1960년 4.19로 하야할 때까지 해피와 그가 낳은 다른 강아지들이 이 대통령 부부와 함께했다. 하야 후 이 화장으로 갈 때에도 함께였다. 그러나 이 박사 부부는 하와이로 떠나면서 개들을 데려갈 생각을 하지 않았다. 보름 정도 머물다 올 생각이었기 때문이었다.

하지만 이 박사 부부는 출발하던 날부터 '쥐도 새도 모르게 망명 간 대통령 부부'라는 언론들에 뭇매를 맞으며 쉽사리 돌아오지 못할 지경에 처하게 됐다. 이화장을 지키던 경호관들도 이 박사 부부의 귀국이 기약없게 되어 버리자 한시적으로 맡아 기르던 개들을 관리할 여력이 없어졌다. 해피를 포함해 다른 개들 모두가 이 박사 부부의 영어 생활권에서 성장한 때문에 영어만 알아들었다.

이화장 측에서 방법을 강구해야 했다. 이승만 대통령 누님의 아들인 우재하의 증언이 있다.

해피 반출 작전

"대한해운공사 사장을 지낸 정운수(鄭雲樹) 씨가 세 마리를 가져다 길렀습니다. 그 부인 편정희 여사는 경기여고를 거쳐 미국 줄리아드 음대를 졸업해 영어에 능통해서였는지 개를 잘 돌보았다고 합니다. 가끔 프란체스카의 비서로 당시 미 대사관의 외교관 부인이던 스미드 여사가 편 여사로부터 개들이 밥을 잘 안 먹는다는 이야기를 들으면 미군 피엑스에 가서 개 밥을 사다주곤 했습니다. 그렇게 정운수 씨 집으로 개들이 옮겨간 지 두어 달 뒤에 하와이에서 '의사 말이 이 박사가 마음을 붙여야 할 데가 있어야 하니 개를 보내 달라'는 편지가 왔어요.

당시는 4·19로 정권을 잡은 민주당의 시대여서 이 박사와의 연락은 체크가 심했습니다. 그래서 인편을 통해 소식을 전할 때인 만큼 발바리(해피)를 보낸다는 건 극히 어려운 일이었습니다. 특히 해피는 이승만 대통령과 함께 널리 알려져있어 난감했습니다. 그래서 개를 물감칠까지 해 보았지만 보낼 인편이 마땅치 않았어요.

정운수 씨가 이 문제를 해결합니다. 운크라(UNKRA) 소속 설계 기사 디한 씨가 귀국하는 배편에 자기가 키우던 개처럼 해서 해피를 데리고 가 하와이에 내려준 겁니다."

애견 해피가 하와이에 도착했지만 하와이 주법(州法)에 의해 120일간 검역 구역에서 머물러야 했다. 이 시기에 이 박사는 해피를 면회하기 위해 세 번이나 외출을 감행했다. 말년에 이 박사의 공식 외출이 다섯 번에 불과했으니, 그가 해피를 얼마나 사랑했는지 짐작할 만하다.

하지만 기자들의 눈에는 검역소를 세 번이나 찾아가는 예사롭지 않은 이승만 박사의 외출이 취재 대상이 됐다. 결국 해피를 만나기 위한 외출이 보도되면서 정계가 발칵 뒤집어졌다. 내무부 장관과 치안국장이 국회에 불려 가 의원들로부터 호되게 추궁을 당해야 했고, 정운수 부부도 고초를 겪어야 했다.

양복 차림의 이 박사가 가건물 외벽을 등지고 앉아 해피를 안고 찍은 사진은 이 무렵의 것이다. 곡절 끝에 그의 반려견 해피도 그와 함께 하게 됐다.

귀국은 늦어지기만 하고…

하야 후 하와이에 도착했던 그해 연말부터 이 박사는 이유 없이 귀국이 늦어지자 불안해하기 시작했다. 보행에 불편을 느껴 부축을 받기 시작했고, 여러 가지 노인성 질환으로 자주 트리플러 육군병원(Tripler Army Medical Center·TAMC)을 다녀야 했다. 길어야 한 달일 것으로 믿고 간단한 옷가지만을 챙겨왔던 이 박사 부부로서는 별장에서의 체류 기간이 하염없이 길어지며 6개월로 접어들자 한계를 절감하기 시작했다. 측근들도 마찬가지였다. 무엇보다 바닷가 별장과 시내의 거리가 문제였다. 차로 달려서 병풍처럼 높은 산을 넘어 40분 이상이나 달려야 시내로 갈 수 있었다.

병상에서도 조국을 그리지 않은 날은 단 하루도 없었다.

이 박사 부부를 친부모님처럼 모셨던 최백렬 씨와 오중정 총영사 그리고 월버트 최씨 등이 머리를 맞댔다. 마침 월버트 최씨가 매각하려 내놓은 마키키街(Makiki Street) 2033번지의 20평이 조금 넘는 목조 건물 한 채가 있었다. 교포들은 이 박사 내외의 거처를 이곳으로 옮기도록 주선했다. 교민들은 자신들이 쓰던 가구며 생활에 필요한 집기들을 가져다주었다. 프란체스카 여사가 감사를 표시하며 받아들이는 동안 이 박사는 "누구한테 받은 것인지를 잘 써 두었다가 나중에 꼭 돌려주어야 해"라며 잔소리를 했다. 여기서 건국 대통령 이승만 부부의 마키키 생활이 시작되는 것이다.

　대한민국의 역사를 열었던 건국 대통령 부부를 이렇게 홀대하는 국민들은 결코 좋은 지도자를 만날 수 없을 것이고, 후임 대통령들조차 노후가 편치 않게 될 것이었다. 최근에 우리가 겪고 있는 바처럼. ●

4장

조립식 식탁 위의 예배당

마키키의 조립식 식탁은 나라 위한 기도를 드리는 예배당이었다

청빈한 신앙의 터전 하와이
거실 겸 부엌 하나에 방 두 칸의 목조주택은
요양병원으로 옮기기 전 1년4개월 기거한 마지막 주택이었다.
그가 세운 무교파(無敎派) '하와이 한인기독교회'는
자유 독립의 대한민국을 잉태한 산실이었다.

조립식 식탁 위의 예배당

하와이의 자유 교회

하와이 마키키가(街) 2033번지 목조 주택은 이 박사의 거처를 요양병원으로 옮기기 전 1년 4개월간 기거했던 마지막 주택이 되었다. 거실 겸 부엌 하나에 방 두 칸으로 비탈길 옆에 지어진 집이어서 위쪽에서 보면 단층이지만 아래쪽에서 보면 2층이기도 했다. 아래쪽에서 보이는 1층엔 창고 같은 자투리 공간 하나가 있었다. 오중정 씨는 그때를 이렇게 회상했다.

"마키키의 작은 집. 아주 쬐그만 집. 마당까지 해서 30여 평이나 될까? 1층은 지하실까지 해서 창고 같은 방이 하나. 뒤에는 작은 뜰이 있었고, 2층에 사방 3m가 조금 넘을까 하는 침실이 두 개, 그리고 부엌 하나. 그뿐이었어요. 이 박사는 거기서 신문지를 갖다 놓고 붓글씨를 쓰시곤 했지. 지금도 이 집은 있지만 수리를 해서 조금 모양이 변했지요."

마키키의 집으로 이사할 때 동포들이 가져다준 가구 중에는 알루미늄으로 만들어진 조립식 식탁도 거실에 놓여 있었는데, 현재는 이화장에서 볼 수 있다.

가로 120㎝, 세로 90㎝ 되는 포마이카 식탁은 3등분으로 접을 수 있는데, 건국 대통령 부부가 식사 때마다 성경 구절을 읽고, 일용할 양식을 허락해주신 하나님께 진심 어린 감사와 나라를 위한 기도를 계속했던, 두 분의 예배당도 겸했던 식탁이었다.

오늘날까지 이 박사 부부의 청빈한 신앙 생활을 신학적으로나마 제대로 연구한 성과물이 없다는 것에 우리는 부끄러워해야 하지 않을까. 그는 1904년 한성 감옥에서 어머니로부터 전수받은 불교와 유교를 벗어나 기독교로 개종한 이래, 그의 영혼이 육신을 떠날 때까지 자신이나 가족의 복리를 위한 기복적인 기도를 올려본 적이 없었다. 그는 항상 나라와 백성을 위한 이타적 기도를 드리며 예수의 정신을 실천한 참다운 신앙인이었다.

기도(聖)만이 아니라 그의 삶(俗)이 그러했다. 1913년 미국 감리교단의 요청으로 하와이 한인기숙학교 교장이 되기도 했지만, 이승만의 한국인을 위한 한국어와 한국사 교육에 감리교단이 제동을 걸자 이승만은 과감하게 미국 감리교단과 단절했다. 그리고 1918년에 한인들끼리 힘을 모아 독자적인 교회를 설립했다. '무교파(無敎派·超敎派) 자치교회'인 '하와이 한인기독교회(Hawaii Korean Christian Church)'가 그것이다.

유교적 사고에서 해방되고 세운 교회

독실한 기독교 신자였던 이승만이 미국의 감리교단과 과감하게 단절할 수 있었던 것은 그가 조선의 유교적 사고에서 해방되었기에 가능했던 일일 것이다. 구한말, 개화파

지식인들은 그들의 조국 조선이 열강들 앞에서 개혁되지 못하고 무너지는 이유가 가문(家門)과 가족주의 가치관에 함몰된 유교 사상 때문임을 간파하고 있었다. 그들은 '유교 망국론'을 주장했고, 이승만도 찬동했다.

 유교의 골간(骨幹)은 충효(忠孝)와 삼강오륜(三綱五倫)으로 요약되는 '수직적 관계 질서의 유지'이다. 국제적으로는 관계의 중심에 하늘로부터 명을 받는 천자(天子)가 다스리는 중화(中華)가 있고 그 옆의 제후국(諸侯國)에 조선이 포함되어 있다는 세계관(世界觀)이 조선의 지배층에 세뇌되어 있었다. 일반인들에게는 삼강오륜에서 파생된 '장유유서(長幼有序)'가 인간 사회의 질서를 장악하고 있었다. '장유유서' 즉, '어른과 아이 사이에는 차례가 있다'는 서열의식이 과도한 예절(禮節)의 근본이 되어 새로운 개혁을 심리적으로 거부하게 만들었다. 신문물(新文物)은 대개 젊은이가 먼저 습득하게 되니 노인이 젊은이로부터 배워야 한다는 의식 자체가 불가능했다. 젊은이가 어른이 모르는 것을 알고 있으면 '건방진 놈'이 되어야 했다. 이같은 관계망의 질서

하와이에 도착한 지 얼마 안되어 주일 예배를 보러 가던 모습을 같은 교회 교인이 찍은 사진.

가 몇 백년 내려오던 사회였다. 아무리 정당한 이유로라도 기존의 관계를 단절하는 순간, 단절자는 유교도(儒教徒)의 집단으로부터 소외되었다. 그때 소외의 논리는 '정당한 이유'를 능가하는 '규범'이었다. 곧 '배은망덕' 같은 사자성어 하나만으로도 '정당한 이유'의 여부는 따질 수가 없었고, '단절자'를 '악인(惡人)'으로 만들어 버리는 '작업'은 유교도들에게는 일도 아니었다. 이것이 개인의 자유를 억압하고 과학 발전을 저해하던 원인이었다.

그런 문화 속에서 성장해 온 이승만이 보여준 결단력은 유가(儒家)에서 가장 꺼리는 방식이었다. 그는 특정 교단에 속하지 않고서 독립적인 교회를 열고자 했다. 신앙에서부터 독립정신이 깃들어 있었다. 그러나 유가들에게는 이승만의 독립정신 역시 관계 설정에 어긋나는 발칙한 주장이었을 것이다. '건방지게' 위아래도 몰라보고, 중국(明)이 도움 준 것도 잊어버리고…, 감히 어디서 '두 발로 굳건히 서다니?'라고 일축했을 것이다. 오늘날 한국 교회들은 교파 간의 치열한 경쟁으로 규모를 키워가는 동안 유교의 단점을 극복하지 못한채 스스로 교회를 왕국화(王國化) 시키고 정치적으로 극우화 되어 버렸다. 이승만처럼 교파를 초월하여 하나님과 직접 대면하겠다는 결연한 신앙 의지로 개인의 자유와 과학정신을 추구하는 그런 기독교회를 볼 수 없어 안타깝다. 다시 본론으로 돌아가자.

  1938년 신축한 예배당의 외관은 광화문을 본떠 지었지만 외부에는 십자가 하나 걸지 않았다. 십자가를 외부로 내걸지 않은 이 교회야말로 이승만의 종교철학이 스며든 '민족 교회'였다. 교세 확장을 위한 교회가 아니라 나라를 되찾기 위한 교회였다. 그런 이승만을 진심으로 존경하고 따르는 교민들이 신도가 되었고 조직원이 되었으며 이승만의 독립자금의 원천이 되어 주었다. 그 신도들은 이 교회를 '자유 교회' '독립 교회'라고도 불렀다. 이승만이 세운 교회는 자유 독립의 대한민국을 잉태한 산실이었다. 이승만이 가장 좋아했던 성경 갈라디아서 5장 1절의 "두 발로 굳건히 서서, 두 번 다시 종의 멍에를 매지 말라"는 말씀처럼 무교파의 한인기독교회는 독립정신의 칼날을 세운 곳이었다.

지금도 우리는 그를 위한 기념관조차 제대로 마련하지 못한 채 전전긍긍하지만, 정작 그의 종교적 태도를 본받기 위한 노력은 같은 종교계에서조차 찾아보기 힘들다. 그의 정신을 살린 무교파 교회, 초교파 교회, 자유 교회, 독립 교회를 본 적이 없으니 말이다.

만약, 오늘날 한국에서 '무교파 교회' 혹은 '초교파 교회'를 세우고, 외부에는 십자가 하나 걸지 않는 성전을 건립했다면 어떤 일이 벌어졌을까? 십중팔구 이단 시비가 붙으면서 여러 소송이 벌어졌을지도 모르겠다. 이단으로 보일지언정 결과적으로 이승만의 '무교파 교회'가 대한민국을 독립시키는 데 가장 큰 힘이 되어 주었으나 우리는 그 성취를 돌아보려 하지 않는다.

성(聖)과 속(俗)의 관계 정립을 이승만은 평생에 걸쳐 몸소 실천해 보였음에도 불구하고 우리는 그저 그의 삶 속에서 우리가 보고 싶은 것만을 보고 있는지도 모른다. 그리하여 또다시 구한말과 같은 위기 상황으로 나라와 민족의 운명을 되돌리고 있는 것은 아닌지. 2024년 12·3 계엄을

맞았던 보수 진영은 갈피를 못 잡고 무너지는 중이다. 자유민주주의의 헌법적 가치를 지켜야 하는 보수가 자유와 민주주의의 소중함도 모르는 거짓의 어리석음을 지키는 듯해서 안타깝다.

조립식 식탁은 두 분의 예배당

노년에 이른 이승만의 신앙 생활이 감동적일 수 있는 또 다른 이유는 푸른 눈을 가진 25살 연하의 프란체스카가 함께했기 때문일 것이다. 조립식 포마이카 식탁에서 이 박사는 식사 때마다 나라를 위한 기도를 계속했고, 아침마다 서쪽을 가리키며 "저기가 서편이야. 바로 저쪽이 우리 한인들이 사는 데야" 하고는 멍하니 바라보곤 했다. "아니 식사는 안 드실 생각이세요" 하고 프란체스카 여사가 주의를 환기하면 매우 못마땅한 듯이 "왜?"라고 대답하는 것이었다.

1962년 정월 초하루 하와이에서 아들 이인수의 세배를 받은 뒤.

4장 조립식 식탁 위의 예배당

프란체스카는 회고록에서 "우리 생활은 단조로웠다. 나는 워싱턴에서의 독립운동 시절과 같이 살림을 꾸려 나갔다. 우리를 도와주는 동지들과 제자들에게는 미안한 마음이 들었으나 우리는 이런 생활이나마 허락해 주신 하나님께 감사하였다"고 썼다.

단 두 식구가 사는 간단한 살림이었지만 나는 하루 종일 쉴 새 없이 일했다. 나는 집안을 청소할 때마다 창문의 유리를 두 장씩 닦아 나갔다. 그렇게 하면 1주일이 지나는 동안 닦아야 할 집안의 유리 창문은 모두 나의 손을 한 번씩 볼 수가 있어 깨끗한 창문을 유지하게 되는 것이었다.

대통령은 넓지 않은 마당에 나가 화초에 물을 주기도 하고 나무에 손질을 하며 마음속의 시름을 달랬다. 대통령은 이때에도 무슨 음식이나 잘 들었고 체중이 주는 일도 없었으므로 나는 항상 과식을 삼가도록 배려했다. 체중이 늘면 고혈압을 일으키는 원인이 되며, 특히 노인의 건강에 해롭기 때문이었다. 나는 대통령의 보행을 위해 매일 시간을 정해 옥외로 함께 나가 산책을 했다. 이렇게 1960년 한 해를 하와이에서 넘기게 되자 1961년 설날, 나는 떡국을 끓여 대통령에게 아침 식사를 들게 했고 친지와 교포들이 어린 자녀들을 데리고 세배를 와서 우리를 기쁘게 해주었다.

동양에서 온 25년 연상의 노신사를 만나 12년간의 독립운동, 12년간의 퍼스트 레이디, 그리고 유배지 하와이에서의 5년 2개월간 병구완을 해낸 아름다운 여인 프란체스카를 잠시 만나러 가보자. ●

5장

25살 연하 푸른 눈의 화니,
李박사에게 절제된 '사랑'을 배웠다

바람을 베어 먹고 이슬에 덮여 자며 독립운동할 때부터 건국 대통령을 국민이 외면할 때조차 애국 노인의 곁에 머물며 고독한 영웅의 마지막까지 함께 해주었던 오스트리아에서 온 국모(國母)

25살 연하 푸른 눈의 화니,
李박사에게 절제된 '사랑'을 배웠다

영원한 동반자 레이디 프란체스카

우리는 오스트리아인으로 대한민국 건국 대통령의 부인이 되어 살다 간 프란체스카 도너 리(1900~1992)에 관해서도 무심할 정도로 모르고 산다. 어쩌면 그래서 우리가 훌륭한 영부인과의 인연도 점점 희박해지는 것은 아닐까.

프란체스카 도너는 1900년 6월 15일 오스트리아 수도 빈의 교외인 서스덜프에서 철물 무역과 청량음료 공장을 경영하던 실업가 루돌프 도너의 세 딸 중 막내로 태어났다. 이것이 '유복한 양조장집 딸'로 잘못 알려진 배경이다. 프란체스카의 아버지는 그녀가 수학과 외국어에 재능을

16세 때의
프란체스카 도너.

5장 25살 연하 푸른 눈의 화니, 李박사에게 절제된 '사랑'을 배웠다　99

보여 가업을 물려줄 생각으로 남자처럼 머리를 짧게 잘라 주기도 했으며 상업학교로 진학시켰다고 한다. 프란체스카는 졸업 후 농산물중앙근무소에서 근무하다가 스코틀랜드로 유학을 갔다. 그곳에서 그녀는 영어 통역관 국제자격증을 취득했다. 그녀는 독일어와 프랑스어에 능통했으며, 속기와 타자 특기도 보유한 재원(才媛)으로 성장했다. 20세 때 프란체스카는 카레이서 헬무트 뵈링과 결혼했지만 4년 뒤 이혼했다. 아이는 없었다.

1933년 2월 21일, 프란체스카는 어머니와 스위스로 여행 중 제네바의 드 루시(de Russie) 호텔 식당에서 이승만과 조우하게 된다. 당시 58세의 이승만은 국제연맹이 만주사변에 대해 논의하는 회의에 참석, 조선의 독립을 호소함으로써 일본이 국제연맹을 탈퇴하게 만드는 중요한 역할을 하고 있었다. 이승만의 단독 플레이로 인해 국제 무대에서 거대 일본의 입지가 변화하는 중이었다. 회의는 여러 날에 걸쳐 진행되었으며 이승만은 그해 1월 5일 제네바에 도착해 7월까지 머무르면서 인터뷰와 저술 등으로 분주한 외교

활동을 벌였다. 프란체스카와의 만남은 이 활동 중에 벌어진 일이다.

드 루시 호텔 식당에 들어선 프란체스카 모녀는 어렵게 4인석에 자리했으나 워낙 큰 국제회의가 열리는 중이어서 호텔 식당마다 만석이었다. 그때 지배인이 다가와 "동양에서 오신 귀빈이 자리가 없으신데 합석하셔도 되겠습니까"라고 양해를 구했다. 프란체스카의 어머니가 이승만을 한번 훑어본 뒤 안심하고 승낙했음은 물론이다. 프란체스카는 맞은편에 앉은 이승만의 '가난했지만 품위 있는 태도'가 매우 인상적이었음을 기록하고 있다.

지배인의 안내를 받으며 우리가 앉아 있는 식탁으로 온 이 박사의 첫인상은 기품 있고 고귀한 동양 신사로 느껴졌다. 그는 프랑스어로 "좌석을 허락해 주셔서 감사합니다"하고 정중하게 인사한 뒤 앞자리에 앉았다. 그리고 곧바로 메뉴를 가지고 온 웨이터에게 높은 신분으로 보였던 이 동양 신사가 주문한 식탁을 보고 나는 무척 놀랐다.

사워크라우트(sauerkraut)라는 시큼하게 절인 배추와 조그만 소시지 하나, 그리고 감자 두 개가 전부였다. 당시 유럽을 방문하는 동양 귀빈들이 호화판 식사와는 달리 값싼 음식만을 주문했기 때문이다.

나는 왜 그런지 이 동양 귀빈의 너무도 초라한 음식 접시에 은근히 신경이 쓰였다. 그리고 숙녀들에게 먼저 말을 걸어오는 서양 신사들과 달리 온화한 표정으로 말없이 앉아서 웨이터가 음식을 가져오자 식사를 하기 전에 불어로 "본 아베띠(bon appetit)!"라고 우리에게 예의를 갖춘 후 조용히 식사만 하고 있는 이 동양 신사에게 사람을 끄는 어떤 신비한 힘이 있는 것 같이 느껴졌다.

두 영혼의 불꽃이 타오르다

그런 그녀와 이승만 박사의 결혼에 이르는 과정은 또 한 편의 신비한 드라마일 것이다. 프란체스카가 식사하는 노 신사에게 어느 나라에서 왔는지 물었을 때 신사는 "코리아"라고 말하는 것이 아닌가. 프란체스카의 눈이 반짝였다. 그녀가 여행 직전에 읽은 책이 『코리아』였기 때문이다. 주저 않고 그녀가 말했다.

"코리아에는 아름다운 금강산이 있고 양반들이 산다지요."

그녀의 음성으로 전달되는 '코리아' '아름다운' '금강산' '양반' 등 한 구절 한 구절마다 이승만의 눈은 한층 크게 뜨이기 시작했고, 그녀의 말이 끝나는 순간 이승만은 난생처음 내면으로부터 솟아오르는 정체 모를 벅찬 감정을 억눌러야 했을 것이다. 그 자리가 바로 그렇게 두 사람의 정신과 영혼이 부딪치며 불꽃처럼 타오르기 시작한 곳이었다.

망국의 독립운동가가 국제회의 무대에서 영향력을 행사하기 위해서는 각국의 외교관들을 감복시킬 문장력이 필수였다. 문장력이 있다면 그다음엔 이를 적시(適時)에 인쇄본으로 만들어 배포하며 외교가에 여론을 형성할 실행력이 있어야 했다. 국제연맹을 결성한 프린스턴대학교의 우드로 윌슨 밑에서 동양인 최초로 국제정치학 박사학위를 받았던 이승만은 유려한 문체의 영어 문서를 수시로 작성했지만, 현지에서 그를 도울 타이피스트를 구하지 못해 애를 먹곤 했다. 프란체스카는 식당에서의 만남 이후 몇 건의 서류를 타이핑 해주었다.

동양 신사의 보이지 않는 신비한 힘에 이끌린 그녀와 이승만 박사의 결혼에 이르는 과정은 '절제된 사랑의 아름다움'이라고 표현해야 적당할 것 같다. 빈의 숲속을 함께 거닐며 프란체스카가 이 박사에게 배운 한국어는 '사랑'이라는 로맨틱한 단어였다. 하지만 두 사람 사이를 못마땅하게 여긴 그녀의 어머니가 귀국을 서두르는 바람에 그녀는 어머니 몰래 김치맛 나는 사워크라우트 한 병을 호텔 지배인에게 맡기고 떠나야 했다.

귀국한 뒤에도 프란체스카는 어머니의 감시를 피해 제네바와 빈의 아메리칸 익스프레스 회사를 수신처로 하여 이 박사와 서신을 주고 받으면서 사랑을 키워갔다. 두 사람이 다시 재회했을 때는 1933년 7월 7일. 이 박사가 모스

크바행 비자를 받기 위해 오스트리아의 빈에 왔을 때였다. 이때부터 일주일간 두 사람은 급격히 가까워진 듯하다. 이승만의 1933년 7월 15일자 영문 일기에는 경칭도 없이 "F. Donner(도너)가 내 짐을 사람들로 만원인 3등 칸에 미리 옮겨 놓았다.… 도너는 사람들 사이에 서서 기차가 커브를 돌 때까지 내게 손을 흔들었다"고 기록하고 있어 두 사람 간의 거리감이 완전히 사라지고 있음을 알 수 있다. 이런 두 사람은 이듬해인 1934년 10월 8일 뉴욕에서 결혼식을 올리는데, 이승만의 일기에서 변화를 감지할 수 있는 부분은 그 4일 전의 기록이다.

그날 프란체스카는 결혼식을 위해 배를 타고 뉴욕항에 도착했지만 이승만과 그의 친구들은 교통체증으로 항구에 늦게 도착했다. 이승만은 그 사실을 이렇게 적고 있다.

Fanny(화니)는 마중 나온 사람이 아무도 없음을 알았다.

이승만은 이날부터 프란체스카 도너를 'Fanny', 간혹 'Mommy'라는 애칭으로 부르며 기록했다.

인간의 노력으로는 성사될 수 없을 인연(因緣)

그녀가 이승만과 만나게 된 것을 '운명'이라는 표현 말고는 달리 설명할 길이 없다. 지구 반대편 오스트리아의 유복한 가정에서 자란 프란체스카가 상업학교와 스코틀랜드 유학을 거쳐 타이핑, 부기, 통역, 속기 등 비서로서 당대 최고의 능력을 겸비했다는 점이 먼 훗날 대한민국이라는 나라를 세우기 위해 일손이 한없이 절실했던 동양의 가난한 망명 정객을 위한 '하늘의 배려'였다는 점을 알아차리고 보면, 인간의 상상력을 넘어서는 존재의 도움 없이는 이 만남 자체가 가능할성 싶지 않은 것이다.

또한 '만남'이 단순히 두 사람 간의 운명만을 결정짓지 않고 그 이상으로 '한 민족의 운명'에까지 영향을 미칠 수 있음을 보게 된다.

훗날 프란체스카는 며느리 조혜자 씨에게 "친정 어머니나 언니들이 알았으면 기절할 일이었겠지만 실은 내 결혼 반지값은 신부인 내가 지불했다"고 일러주었다. 결혼 비용

역시 그녀가 부담했다. 이 박사로부터 받은 선물은 녹두알 만한 제주도산 진주알 한 개가 전부였다고 한다. 요즘처럼 결혼이 남녀 간의 재산 규모로 이루어지는 세태로는 결코 이 박사와 프란체스카의 순수한 사랑으로 이루어진 결혼을 이해하지 못할 것이다.

결혼식이 있기 직전으로 보이는데, 프란체스카가 이 박사에게 편지로 보낸 글 한 편이 남아있다. 서간문 형식의 글이지만 시적 운율을 고려하여 번역한 것을 싣는다.

연서(戀書)

프란체스카

이 세상에서 당신을 사랑하는 사람이 백 사람이 있다면 그 중 한 명은 저랍니다.
이 세상에서 당신을 사랑하는 사람이 열 사람이 있다면 그 중 한 명은 저이고요.
이 세상에서 당신을 사랑하는 사람이 한 사람만 있다면 그 사람은 바로 접니다.

이 세상에서 당신을 사랑하는 사람이 한 사람도 없다면
그것은 제가 이 세상에 없기 때문입니다.

<자료제공- 이승만 기념관>

이 글의 '당신'은 이승만일 터이다. 이승만을 사랑하는 사람들이 점점 줄어들수록 프란체스카의 이승만에 대한 사랑은 점점 커져만 간다. 그리고 최후에는 그 사랑이 이 세상만큼 커져가고 있다. 줄어들수록 커져만 가는 시적(詩的) 대비(對比)가 절묘하다.

결혼 당시 이승만 박사는 59세, 프란체스카는 34세였다. 1934년 10월 8일 오전 6시 30분. 뉴욕 몽클레어 호텔 특별실에서 윤병구 목사와 존 헤인즈 홈즈 목사의 합동 주례로 결혼식이 거행되었다.

그녀의 어머니는 "그날 식당에서 나이 지긋한 동양 신사라 아무 탈이 없을 줄 알고 합석했는데, 내 귀한 막내딸을 그토록 멀리 시집 보내게 되다니…"라며 애석해 했다고 한다.

모두가 반대한 결혼을 강행했던 프란체스카의 결기만큼 이승만 박사도 큰 결단이 필요했을 것이다.

이승만 박사가 서양 여성과 결혼한다는 소식에 하와이의 독립운동 동지들은 충격과 실망에 휩싸였다. 유교도(儒教徒)의 입장이었기 때문일 것이다. 그들은 뉴욕에서 LA로 이동해 하와이로 건너오려는 이승만에게 전보를 두 번이나 치며 결혼에 간섭했다.

> **서양 부인을 데리고 오면 모든 동포들이 돌아설 테니 꼭 혼자만 오시라.**

프란체스카도 이 전보 내용을 알게 됐고, 수심 가득했던 친정 어머니를 떠올리면서 눈물도 많이 흘렸다고 한다. 그런데 이승만은 어떻게 했나. 그는 호놀룰루 섬에 도착하자마자 승용차에 신부를 태운 채 동지들이 기다리는 환영식장으로 들어갔다.

대한민국은 어쩌면 두 분의 '용기 있는 사랑과 헌신'에 힘입어 탄생할 수 있었던 국가였는지도 모른다.

특히 프란체스카의 노고(勞苦)는 1인 다역이었다. 하와이에서 1940년초 국제정치의 중심지인 워싱턴으로 거처를 옮겨야 했을 때, 이들 부부는 워싱턴의 값싼 방 하나에 머물러야 했다. 그리고 이 열악한 공간에서 두 사람은 미국의 지성을 뒤흔드는 역작 『Japan Inside Out(일본 내막기)』을 출간했다. 당시 프란체스카는 그 원고를 세 번이나 타이핑해야 하는 바람에 손끝이 터지고 짓물렀다고 한다. 이처럼 남편 이승만의 독립운동에는 동지였으며, 건국과 함께 영부인으로 외교 업무에 큰 힘을 보탰다.

국제전으로 확전됐던 6·25 전쟁 중에는 다양한 비밀 외교문서를 작성하고, 수많은 편지로 국제사회에 전쟁의 참상을 알려 동정적인 여론을 이끌어냈다. 독일어와 불어에도 능통했던 그녀는 통역사를 자임했고, 나라의 궁핍한 살림을 돕기 위해 유럽의 은행가들로부터 대한민국이 경제원조를 받도록 다리를 놓는 역할도 했다. 그리고 노년의 이승만에게는 더 없는 친구요 간병인이 되어 주었다. 우리는 이 푸른 눈의 부인에게 정말 많은 신세를 진 셈이다.

이제 위대한 황혼이 지고 있던 하와이 마키키가의 목조 주택으로 다시 돌아가 보자. ●

6장

우리가 몰랐던 老 부부의 애환

노인성 치매를 앓기 시작했다. 서울 가는 여비를 모으기 위해 이발비도 아꼈으며, 쇠붙이도 주워 모았다. 하지만 평생을 바쳐 세운 나라로 자신이 돌아가지 못하는 황당한 심경….

"나는 본시 가난한 사람" …국고를 횡령했다는 소문에 억장이 무너졌을 것이다…. 덩달아 그 자신의 건강도 무너져갔다.

우리가 몰랐던 老 부부의 애환

양자의 조건

하와이의 '이승만 박사 숭모회' 김창원 회장은 마키키 가(街)의 집을 회상하며 필자에게 이런 회고담을 들려주었다.

마키키 집에 가끔 인사드리러 가면 프란체스카 여사가 과일 가루를 물에 탄 주스와 오레오 쿠키 몇 개를 내주셨어요. 모두 싸구려 과자들이었지요. 그 정도로 두 분의 살림살이가 참 곤궁했어요.

노인성 치매를 앓기 시작했던 이 박사는 마당의 화초에 물을 주고 나무 손질을 하거나 거실에서 걷기 운동을 하는 것이 전부였다. 그때에도 이 박사는 반드시 귀국하리라는 집념이 있었다. 그 목표를 위한 노인의 눈물겨운 모습은 하와이의 유배 생활 곳곳에 배어있다. 5달러 하는 이발비를 아껴 여비를 모으기도 했다. 그 바람에 한동안 이 박사의 머리는 보기 싫을 정도로 길어서 프란체스카 여사가 손수 이발을 해주어야 했다. 한적한 주택가를 산책할 때면 이 박사는 분주해지기 시작했다. 반짝이는 쇠붙이가 여비에 도움이 될 것이며, 튼튼한 노끈도 모아두면 돈으로 바꿀 수 있을지 모른다는 희망. 교민들이 가져다준 가구의 빈 설합 속에는 이런 폐품들이 차곡차곡 채워지고 있었다. 크리스마스를 전후해 적지 않은 방문객들이 전해준 카드 봉투 속의 달러들은 프란체스카에 의해 1달러조차 기부자의 이름과 함께 기록되며 생활비로 충당되었다. 프란체스카는 저녁에 이분들에게 감사 편지를 쓰는 게 일이었다.

매주 금요일은 프란체스카가 일주일분의 식품을 사들이는 장보는 날. 하지만 이 박사는 아내에게 한사코 시장엘 가지 말라며 옷자락을 놓아주질 않았다. 프란체스카는 "굶어서야 살 수가 없잖아요?"라고 설명하면, "그러면, 조금만 사 와…돈 써버리면 서울 못 가…"라며 겨우 놓아주었다. 그런 날이면 프란체스카는 장을 보고 와서 아주 작은 봉투 하나만을 들고 현관으로 들어갔다. 작은 봉투로 이 박사를 안심시킨 다음, 뒷문으로 나머지 물건들을 들여놓곤 했다.

해가 바뀌어 1961년 봄이 왔을 때, 이 박사의 가장 큰 걱정거리는 자신의 후사를 책임질 양자가 없다는 문제였다. 유일한 친아들 봉수를 열 살 때 병으로 잃은 이후 양자의 인연은 한동안 없었다. 그가 대통령이 된 이후 이기붕의 아들 이강석을 양자로 들였지만 4·19로 난리가 난 뒤인 1960년 4월 28일, 이강석은 친아버지(이기붕), 친어머니(박마리아) 그리고 동생들을 살해한 후 자살로 생을 마감했다. 수평선 너머로 해가 가라앉는 것처럼 이승만도 자신의 생이 얼마 남지 않았음을 알고 있었다. 그럴수록 자신이 세상을 떠난 후의 뒷일을 맡아줄 양자가 절실했다. 하와이의 이 박사 동지들과 제자들은 누구보다 이 사실을 잘 이해하고 있었다. 오중정 총영사를 포함한 인사들이 몇 차례 회의를 가지면서 이 문제를 해결할 적임자로 4·19 이후 미국으로 돌아간 이순용(李淳鎔, 1897~1988) 전 체신부 장관을 찾았다.

그는 미국 유학 시절이던 1942년, 이승만의 추천으로 2차 대전 당시 미군의 특수첩보부대원이 되어 인도와 중국에서 맹활약했으며, 해방 후 미군정청의 방첩대(CIC)에서 백 의사와 미군 간의 소통 업무를 도맡았고 국군 창설에도 깊이 관여했었다. 정부 수립 후에는 체신부 장관, 대한해운공사 사장, 외자청장 등을 역임하며 건국의 큰 기둥이 되었다가 4·19 이후 미국으로 돌아온 상황이었다. 이순용 씨가 한인동지회의 오중정 씨로부터 연락을 받고 호놀룰루로 와서 그의 스승이자 대통령이기도 했던 이승만을 만났다. 이때가 1961년 5월 초. 5·16이 일어나기 직전이었다.

이승만 박사는 한때는 자신의 제자였으며, 부하 각료이기도 했던 건국 사업의 동지 이순용 전 장관의 손을 꼭 잡고서 "내가 이런 처지에 있는데, 나에게 누가 아들을 줄 사람이 있겠나. 하지만 내 후사(後事)를 이을 아들이 필요하다네."라며 간곡히 부탁했다. 자초지종을 다 이해한 이순용 전 장관이 양자를 구하기 위해 한국으로 다시 입국했을 때는 박정희 소장에 의한 5·16 쿠데타가 진행되고 있던 5월 중순이었다. 자유당 정권의 핵심 각료였던 인물이 쿠데타 진영의 한가운데로 불쑥 들어온 셈이었다. 서울 국제호텔에 묵고 있던 이순용 전 장관은 한동안 일거수 일투족 감시를 당해야 했기에 고생이 이만저만이 아니었다고 한다.

하지만 국가 차원의 여러 공작을 체험했던 이순용 씨는 불안해하는 군부를 설득해 가며 전주 이씨 종친회를 찾아가 이 박사의 양자를 구하는 데 성공한다.

당시 이승만 박사의 양자에 적합한 사람은 네 가지 조건에 맞아야 했다. 첫째는 계대(系代)가 맞아야 했다. 양녕대군(讓寧大君)의 16세 손이었던 이승만 박사는 계대에 의하면 이를 승(承)이 돌림자였고, 따라서 17세 손의 돌림자인 빼어날 수(秀)가 이름에 있어야 했다. 원래 이기붕의 장남 이강석은 효령대군(孝寧大君)파여서 계대가 맞지 않아 종친회에서도 말이 많았다고 한다.

양자에 적합한 두 번째 조건은 현재 양부모가 모두 늙어 어려울 때이니 너무나 어려서는 안되고 대학 정도는 졸업해야 한다는 점이었다. 그리고 세 번째로 미혼이란 조건이 붙었고, 끝으로 양부모의 문화적 배경을 이해해서 영어를 할 수 있어야 한다는 것이었다. 프란체스카는 한국말을 잘 하지 못했다.

"그놈도 날 좋아하겠지?"

이런 조건이 붙자 후보는 아주 적었으며 그가 찾아낸 양자는 경기도 양주군 교육감을 지낸 이승용(李承用) 씨의 자제 이인수(李仁秀) 씨였다. 고려대 경영학과를 마치고 경희대 정치학 석사로 유학 준비를 하던 만 서른 살의 이인수 씨는 이 박사와 같은 양녕대군파에다가 항렬도 이승만 바로 아래의 수(秀)자 항렬이었으며, 영어에도 능통해 프란체스카와의 의사소통에도 지장이 없었다. 불과 2년 전 4·19 당시 고려대 후배들의 데모에 박수를 보낸 이인수 씨 하와이에 간 지 1년 반이 지났을 무렵, 최백렬 씨(오른쪽)와 양자 이인수 박사(왼쪽)의 부축을 받으며 집 밖으로 나서는 이승만 박사.

로서는 얄궂은 운명이 아닐 수 없었다. 그는 처음에 여러 이유를 대며 고사를 했다. 그러나 전주 이씨 종중에서 "그동안 잘 모셨더라면 어른의 말년이 이렇게 비참하지는 않았을 텐데… 마지막으로 같은 혈손들이 도와드릴 의무가 있다"고 하는 말에 수락할 수밖에 없었다고 한다. 그의 생부 이승용은 "정말 어려운 자리라 네 삶이 편치만은 않겠지만 열심히 모셔라"며 격려했다. 실제로 이승만 대통령에 대한 대중의 왜곡된 시선은 그 후 수십 년간 증오와 멸시의 냉기를 뿜어냈고, 양자 이인수 씨는 평생에 걸쳐 그 수모의 돌팔매질을 온몸으로 막아내며 살아야 했다.

훗날 명지대학교 교수로 재직했던 이인수 씨는 당시를 이렇게 회고했다.

"담담하기도 했지만, 어떤 사명감을 가지고 있었지요. 권력도 없고 아주 어려운 때 제가 그분들의 양자로 간다는 사실이 제게 책임감을 많이 느끼게 했습니다. 당시 하와이의 형편이야 집안으로부터 익히 들어 잘 알고 있었으니까요. 갈 때는 제가 재떨이며 선물이 될만한 물건들을 좀 가지고 갔습니다. 교포들과 미국인들이 두 분의 생활을 돕고 계신다기에 그분들께 드릴 선물을 마련한 겁니다. 어쨌든 집안의 모든 책임을 나의 두 어깨에 짊어져야 한다고 생각했지요."

한편 하와이에서 양자를 사진으로 먼저 받아 본 이 박사는 하와이에 온 이후 가장 밝은 표정을 지었다고 한다. 이승만 박사는 그때부터 양아들 인수가 오기를 기다렸으며 수속상 시간이 걸리게 되자 "그놈이 정말로 나를 좋아한다면 더 서둘러 빨리 와야 하는 것이 아닌가?" 하면서 몹시 조바심을 내곤 했다.

프란체스카 여사에게도 곧잘 농담을 걸어오기도 했고 종종 거울까지 들여가 보며 젊은이처럼 "그 녀석도 내가 저를 좋아하듯이 나를 좋아하겠지?" 하고 부인에게 묻기도 했다.

1961년 12월 12일 정오, 이승만 박사가 그토록 기다리던 양아들 이인수 씨가 호놀룰루 공항에 도착했다. 노부부는 번잡을 피하기 위해 공항에 나가지 않고 집 앞 테라스에서 기다렸다. 최백렬 씨와 오중정 씨 등 교포 10여 명이 이 인수 씨에게 꽃다발을 걸어주었다. 이들이 차를 타고 20여 분을 달려 녹색 수림이 울창한 주택가의 언덕길을 오르자 오른편으로 하얀 목조 건물이 나타났다. 검은 양복에 선글라스를 쓴 이 박사와 양장 차림의 프란체스카는 테라스에서 기다리고 있었다. 마당을 들어서는 이인수 씨를 바라보던 노인 이승만은 기쁨에 겨워 손을 흔들었다. 나무 층계를 올라선 이인수 씨는 한국식 큰절을 올렸다. 이승만은 분명 감격의 눈물을 흘렸을 것이다.

"언제 내가 우리 땅으로 가게 돼?"

양아들 손을 잡아끌듯 거실의 소파로 가 앉은 이승만이 처음 물어본 질문은 "지금 우리나라가 어떻게 되어 가지?"였다.

"지금 많은 사람들이 나라를 위해 열심히 일하고 있으니 잘 되어 갈 겁니다. 염려 마십시오."

이인수 씨가 조심스레 답했다.

"그런가? 나라가 잘 되어 간다면 그것은 참 좋은 일이다. 그런데…너는 남이 잘된다, 잘된다 하는 소리 아예 믿지 말거라. 내가…내가…이렇게 절단이 난 걸…그렇게 우리나라 일이 쉬운 게 아니야…."

회한의 고백이자 충고의 한마디 - "그렇게 우리나라 일이 쉬운 게 아니야"라는 건국 대통령의 이 한마디는 그의 뒤를 이었던 12명의 대통령들도, 그리고 그 뒤를 이어갈 대통령들도 수긍할 수밖에 없는 명언일 것이다.

침통해 진 남편의 얼굴을 본 프란체스카 여사는 아들 인수에게 뒤뜰이 보이는 마루방에 마련된 환영 식탁으로 이 박사를 모시고 나오도록 했다. 이 박사 부부가 아들을 맞는 경사에 친지와 제자들이 축하 인사로 김치는 물론 고비나물까지 한국 음식을 골고루 마련해 왔었다.

환영해 준 교포들도 다 가고, 세 식구만 남은 마키키 가의 목조주택은 다시 쓸쓸함과 적막감이 감돌고 있었다. 아래층 창고 같은 작은 방에 침실을 정한 이인수 씨는 이튿날 밤에도 여독(旅毒)이 채 가시지 않았다. 그는 2층에서 일찍 내려와 막 잠이 들 무렵이었다.

들릴락 말락하는 노크 소리에 놀라 일어난 이인수 씨가 문을 열었을 때 캄캄한 어둠 속에서 백발의 프란체스카 여사의 부축을 받고 서 있는 야윈 이승만 박사를 보았다. 이인수 씨의 양어머니는 "아버님이 지금 한국말로 뭐라고 말씀을 계속하시면서 자꾸만 나를 끌고 이리로 오자고 해서 모셔 왔는데, 무슨 뜻인지 통역 좀 해 다오"라고 했다.

급히 이인수 씨가 자신의 방으로 모시니 이 박사는 상기된 표정으로 대뜸 "얘야. 우리나라 가는 데 얼마나 걸리냐?"고 물었다. 이인수 씨는 시간을 의미하는 질문 같지가 않아서 "경비를 말씀하시는 겁니까?"하고 물으니 "그렇다"며 고개를 끄덕였다.

이인수 씨가 양어머니에게 통역을 하자, "또 그 걱정이 일어나셨구나. 윌버트 최 씨가 한국에 들어가는 모든 비용을 전부 대준다고 우리에게 약속했으니 그렇게 이야기를 해 보게"하며 그 과정을 낱낱이 설명했다. 이인수 씨가 다시 이승만 박사에게 우리말로 설명을 드렸다.

"그럼 언제 내가 우리 땅에 가게 돼?"

"한 서너 달 지나면 한국이 날씨도 풀리고 그러면 그때는 가시게 될 겁니다."

이인수 씨는 즉흥적으로 대답했다.

그러나 이승만 박사는 그 말을 좀체 납득하려 하지 않았다. 떨리는 손바닥을 천천히 이인수 씨에게 펼쳐 보이더니 "자, 이것 좀 봐…. 내가 전에 갈려고 할 때 석 달만 기다리라고 하지 않았어? 그런데 자, 지난번에도 하나, 둘, 셋…. 지금도 하나, 둘, 셋이니, 왜 세월은 안 간다냐?"하며 세 손가락을 꼽았다 폈다 했다.

이번만은 속지 않겠으니 정확한 날짜를 대라는 표정이었다. 양자가 정해질 무렵에도 이 박사는 종친회를 통해 환국하겠노라고 알렸지만 종친회 측에서는 날씨도 그렇고 하니 '석 달'만 기다리라고 하여 겨우 무마시켰던 일이 있었던 것이다. 당장이라고 달려가고 싶은 그가 힘들게 얻은 자식의 입에서조차 '석 달'이란 말이 또 나오게 되자 기가 막힌 표정이 되었던 것이다.

"내가 한국 땅을 밟고 죽기가 소원인데… 여기서 죽으면 어떻게 해…? 모두 어떻게 할 작정이야?"

이 말을 하는 그의 상기된 두 볼에는 굵은 눈물이 흘러내렸다. 이역만리 하와이의 밤하늘 아래에서 세 사람 모두 긴 한숨으로 타들어가는 속마음을 달래야 했다.

이런 일은 종종 있었고, 그럴 때마다 울고 싶은 심정이 된 이인수 씨와 프란체스카 여사가 이 박사를 달래어 진정시켜야 했다.

떡국을 좋아한 이 박사

하와이에 와서 보행마저 불편해진 이 박사는 무척이나 외롭고 쓸쓸했는데 아들 이인수 씨가 오자 큰 힘이 되었다. 객지에서 건강이 나빠진 고령의 노인이 아들을 곁에 두게 되자 많은 위로를 받게 되었던 것이다. 특히 매일 아침 이인수 씨가 예의를 갖추어 문안 인사를 드릴 때마다 몹시 기뻐했다.

세 식구는 아침 7시 반에 일어나고 8시 반에 식사를 했는데 식사 전에 이 박사가 기도를 했다. 아주 작은 소리로 기도를 해서 옆 사람도 잘 알아듣지 못했다. 아침 식사로는 과일 주스 한 잔과 빵을 먹었다. 아침 식사가 끝나면 이인수 씨와 프란체스카 여사가 번갈아 가며 성경과 신문을 읽어드렸는데 이승만 박사는 아들이 읽으면 더 좋아했다.

부인이 설거지를 하는 동안 이 박사는 아들의 부축을 받으며 테라스로 나가 바깥 공기를 쐬었다. 10시 반이면 이 박사의 운동 시간이다. 부엌에서 약 10m 떨어진 마루방까지 10회를 왕복하는 일이다.

이것은 의사의 권고에 따라 다리의 보행력을 유지하는 데 꼭 필요한 운동으로 이 박사는 이인수 씨의 부축을 받아 가며 걸었다. 운동과 관련해서는 이인수 씨의 회고를 들어보자.

아버님은 참 꼼꼼하셨습니다. 부엌 벽의 붙박이장에는 허리 높이 정도의 선반이 있었어요. 이 선반 한쪽에 종이를 끼우는 클립 열 개를 모아 두셨습니다. 운동이 시작되면 으레 그 선반에서 출발해 마루방까지 왕복을 합니다.

한 번 왕복할 때마다 아버님은 클립 중 하나를 선반 반대편으로 옮겨 두셨습니다. 일종의 만보기(萬步器)인 셈이었지요. 그날 치 운동을 다하게 되면 클립은 선반 반대편에 모이게 되는 겁니다.

그런데 제가 있을 때도 기력이 점점 약해지셔서 열 번을 왕복하는 것조차 힘들어 하시는 겁니다. 그래서 가끔씩 제가 클립을 옮겨 드린다고 하면서 한 번에 두세 개씩 옮겨 놓았어요. 그러면 아버님께서는 "내가 벌써 열 번을 했어?" 하시며 건강이 좋아졌다고 아주 기뻐하셨지요.

점심은 그날의 식단에 따라 만든 반찬과 김치가 전부였다. 김치는 이 박사의 고혈압을 생각해서 부인이 조금씩만 접시에 놔 드렸는데 이 박사는 늘 아들 인수 앞에 놓인 김치 그릇에서 더 집어다 들었다.

점심식사가 끝나면 약 1시간 동안 온 식구가 낮잠을 잤다. 이 박사의 건강이 좋았을 때에는 오수(午睡) 시간 후에 마당에 나가 꽃에 물을 주거나 나무 손질도 했다.

이 무렵 이 박사는 신문지를 펴 놓고 붓글씨 연습을 간간이 했고, 자신이 독립운동을 하면서 지었던 많은 한시(漢詩)들을 묶어 내고 그 표지의 제자(題字)를 썼다. 그 제목 글씨 '替役集(체역집)'은 하와이에서 탄생한 이 박사의 마지막 서예작품이었다.

하오 6시가 되면 저녁 식사 시간이다. 주로 밥을 지었지만 때로는 국수를 만들기도 했다. 아버지와 아들은 똑같이 식성이 좋아서 반찬이 좋든 나쁘든 식탁 위의 그릇들은 설거지가 필요없을 정도로 깨끗이 비워졌다. 특히 떡국을 끓일 때는 부자가 대환영이었다. 저녁 설거지가 끝나면 보통 7시가 넘었는데 약 10분 동안 성경을 읽고 이승만 박사의 저녁기도가 끝나는 8시쯤에는 모두가 침실에 들어갔다.

그러나 이러한 시간에도 부인 프란체스카 여사를 안타깝게 하는 것은 자나 깨나 귀국할 일념뿐인 이 박사가 "또 하루를 하와이에서 보내버렸다"며 못 견디게 괴로워하는 모습이었다.

"어서 가야겠다!"

아들 이인수 씨가 이 박사의 옆에 앉아 있으면 더듬더듬 말을 건네곤 했다.

"지금 우리나라에서 누가 남북통일을 하려는 이가 있나?"

"우리 국민의 소원이니 모두가 생각하고 있습니다."

하고 이인수 씨가 으레 생각해 둔 대답을 한다. 그러자 이 박사는,

"그까짓 생각만 해서 뭘 해? 아, 이승만이가 한바탕 했으면 또 누가 나서서 해야 할 게 아니야. 내 소원은 백두산까지 걸어가는 게야."라고 한다.

답답해서 하는 소리인지도 모른다. 그러나 이인수 씨는 대답이 막혔다. 묵묵부답. 다시 아버지가 조곤조곤 이야기를 이어간다.

"그럼 일인(日人)들은 어떡허구 있누?"

화제를 일본으로 돌렸다. 즉각적인 답이 쉽지 않은 질문

이었지만 이인수 씨가 도쿄를 경유해 하와이로 오면서 들은 이야기를 했다.

"그네들도 요즘은 불경기에 실업문제로 곤란을 겪고 있답니다."

이런 얘기가 오간 하루는 온종일 이 박사의 얼굴에 근심이 떠나질 않는다. 마치 자신의 일인 양 국내 문제 하나하나에 온 신경을 집중하며 앉아 있게 된다. 프란체스카 여사가 아들 이인수 씨에게 이런 충고를 했다.

"바로 저런 것이 아버님의 병환이시다. 어버님께선 조금이라도 자극이 있는 말씀만 들으시면 그것이 풀릴 때까지 골똘하시니 네가 말조심을 단단히 해야 한다."

이런 일로 해서 모자(母子)는 서로 약속이나 한 듯이 고국에 관한 신문기사를 가능한 제대로 알려주지 않았다. 평생을 자유민주주의를 위해 살아왔으며 대한민국도 자유민주주의 국가로 건국했던 이 박사는 이로써 마지막까지 박정희(朴正熙)라는 인물이나 그 정권의 속성이 군사정권이라는 사실에 대해 제대로 알지 못했다.

이인수 씨는 아버님을 보다 잘 설득하려 애썼다. 1961년 12월 어느 날 오후, 이 박사는 또다시 짐을 챙기면서 "어서 가야겠다"고 했다. 그러자 이인수 씨가 "지금 한국은 눈이 많이 쌓이고 춥습니다"라고 만류했더니 "추우면 오버를 입으면 돼. 괜찮아"하며 아들의 말을 가로막았다.

공보 영화

1961년 12월 17일은 일요일이었다. 아버지를 모신 아들이 '한인 교회'에 나갔다. 이 박사가 1918년에 지은 이 교회는 '한인기독학원'과 '동지회'를 포함한 이 박사의 하와이 3대 사업 중 하나다.

아들의 부축을 받고 교회 안으로 들어서자 교포들이 달려 나와 이 박사를 부축했다. 예배가 끝난 후에는 교포들이 이 박사의 건강을 묻는 인사가 계속됐다.

이날 저녁에는 하와이 영사관으로부터 최백렬 씨와 김학성 씨가 최근의 공보(公報) 영화 필름을 빌려와 집안에서 영상회를 가졌다. 그러나 토키(talkie:발성영화)가 너무 빨라 말이 제대로 들리지 않는 경우가 많았기 때문에 양아들 이인수 씨가 설명해 드렸다.

영화는 당시 혁명정부가 총력 체제로서 인력을 군대식으로 조직하고 동원하여 실시하던 국토건설의 공사 현장 장면이었다. 홍보차원에서 보다 극적으로 연출된 면도 없지 않았지만 건설 현장의 열기는 제대로 전달되고 있었다. 모두 화면에 빠져들고 있었는데 갑자기 이 박사가 박수를 쳤다.

"한인들 잘 허네! 아, 왜들 이렇게 안 해?"하며 기쁜 얼굴로 주위 사람들에게 박수를 치라고 권했다. 최백렬 씨 부부와 몇몇 교포들도 웃으면서 박수를 치자 이 박사는 "우리 날마다 이렇게 하세!"라고 하여 장내를 한바탕 웃음바다로 만들었다.

1961년 크리스마스가 다가오고 있었다. 이승만은 테라스에 나와 바람을 쐬며 자신의 초라한 처지를 생각하는 듯 "이거 다 죽어가는 몸이 어쩌다 하루를 이렇게 보내누"하고는 긴 한숨을 내쉬었다. 아들 인수 씨가 진정시켜 드리며 부축해서 방안의 소파에 눕혀드리자 가슴에 북받치는 슬픔을 억제할 수가 없었던지 고향을 잃은 노인은 또다시 흐느껴 운다.

마키키에서의 크리스마스 시즌은 세 식구에게 부담스러운 날들이기도 했다. 각계에서 날아드는 카드에 일일이 답장을 해야 한다는 것은 쉬운 일이 아니었다. 더구나 넉넉한 형편도 아니었기 때문에 더욱 그러했다.

이인수 씨는 주로 한글로 된 카드의 주인에게 답장을 보냈고, 프란체스카 여사는 외국인들에게 답장을 보냈다. 두 사람이 개봉한 카드 중에는 가끔씩 수표나 현금이 들어 있었다. 교포들과 미국인들이 보낸 후원금이었다. 이 박사의 하와이 생활 5년 2개월간은 전적으로 그곳의 한인 교포들과 미국인 친구들의 도움으로 살았다. 대통령직에서 물러난 뒤부터 자금에 대한 부분은 한시도 풍족한 때가 없었다.

이화장에서 경호원으로 근무했던 우석근 씨의 이야기를 측근을 통해 들어보면 이화장 생활을 하는 동안에도 경호원들이 돈을 모아서 연료를 사야 했다고 한다. 이런 내핍 생활은 하와이에서도 계속되었다. 그러나 이 박사 부부가 별도로 재산을 모아두고 이런 생활을 하는 것은 아니었다. 열심히 일했지만 자신을 위한 돈은 거의 모아두질 않았던 때문이었다.

며느리로서 프란체스카 여사를 20년 이상 모셨던 이인수 씨의 부인 조혜자 여사는 이분들의 생활을 처음엔 제대로 이해할 수 없었다고 한다. 그러다 훗날 프란체스카 여사가 임종할 무렵이 되어서야 자신의 삶을 대략적으로나마 회고하며 들려줌으로써 이 박사 부부의 내핍 생황에 대한 이해가 가능했다는 것이다.

이 박사 부부는 애초 나라를 잃은 상태로 미국에서 독립운동을 하며 신혼생활을 시작했다. 따라서 이분들에게 있어서 돈을 쓴다는 것은 최소한의 자기 것을 제외하고는 모두가 나라와 민족을 위해 써야 한다고 생각하며 살아왔던 것이다. 그야말로 종교인 같은 삶이었다.

특히 프란체스카 여사는 말년에 "우리가 북한 동포들을 위해 근검절약하는 모습을 보이면 아무리 강대국이라 해도 우리를 함부로 업신여기지 못한다"고 며느리에게 이야기함으로써 비로소 조혜자 여사는 그 깊은 뜻을 알게 됐다고 한다.

이 박사 부부는 스스로 근검절약을 실천해 보임으로써 주위 사람들도 그렇게 되기를 바란 것이 거의 틀림없었다. 이분들의 생활을 제대로 이해한 주변 사람들은 그 후에도 수시로 작은 돈이나마 봉투에 넣어 드렸고, 이로써 하와이에서의 생활도 그나마 가능해졌던 것이다.

하와이 마키키 집에서의 내핍 생활에 대한 이야기는 현지 교민들이나 당시 수 개월간 체류하며 동거한 이인수 씨를 통해서 상당히 일치된 증언들을 들을 수 있었다.

> 마키키 집에 있던 가구들은 전부가 교민들이 쓰던 것들이었습니다. 저는 혹시 남의 물건이 그대로 들어있지는 않는지

해서 서랍을 열어보았지요. 그랬더니 거기엔 두 분이 폐품을 차곡차곡 모아두고 계셨습니다. 포장지는 포장지대로, 노끈은 노끈대로 서랍속을 가득 채우고 있는 겁니다.

한 번은 집 밖으로 아버님을 모시고 산책을 나갔을 때입니다. 발밑에 작은 쇠붙이가 떨어져 있는 걸 보신 아버님이 그걸 주워다가 부엌 옆에 쇠붙이를 모아두는 곳에 갖다 놓으셨지요.

40년 친구 보스윅

1961년 12월 21일에는 이인수 씨가 아버님을 모시고 보스윅이라는 이름의 이 박사 친구 집을 방문하는 날이었다. 보스윅은 하와이에서 아주 유명한 장의사였다. 그가 이 박사와 인연을 맺게 된 시기는 우리나라가 일본에 통치되던 1920년까지 거슬러 올라간다.

당시 일본은 이승만에게 현상금을 걸고 국제적으로 수배 중이었다. 그런데 1919년 3·1 만세 운동 이후 성립한 임시정부가 이 운동의 기획자인 이승만을 초대 대통령으로 선출했다. 이승만은 상하이로 가서 대통령직을 수행해야 했지만 무국적(無國籍)에 현상금이 걸린 상태라 여행이 쉽지 않았다. 그때 만난 사람이 바로 보스윅이었다. 이승만 보다 세 살 연상이었지만 나이는 문제가 아니었다.

당시 보스윅은 하와이에서 노동자로 생활하다 죽어간 많은 중국인 시체들을 수습해 중국으로 보내주는 장의 사업을 벌여 돈을 벌고 있을 때였다. 이승만 박사는 보스윅의 도움을 받아 1920년에 중국인들의 시체를 실은 관 속에 숨어 상하이까지 밀항, 임시정부의 초대 대통령으로 부임할 수 있었다.

이런 일로 해서 보스윅은 이승만이라는 인물에 대해 대단한 존경심을 갖게 되었다. 이인수 씨가 양부모님을 모시고 만나 본 보스윅은 대단히 호화로운 저택에서 살고 있었다. 이 박사보다 크다고 할 수 없는 키에 넉넉한 풍체를 가진 보스윅은 90세의 고령임에도 불구하고 정정했고 목소리도 우렁찼다. 그의 부인이 와병중이라는 말에 프란체스카 여사는 부인의 방에 위문하러 들어갔고 거실에는 남자들만 남게 되었다.

보스윅은 이 박사의 어깨를 두드리며 "어떤가, 자네 건강은?"하며 큰 소리로 웃었다. 거기서도 이 박사는 뚱한 표정으로 "나는 한국으로 갈거네!"라고 했다. 놀란 표정의 보스윅은 "그게 무슨 말인가? 하와이가 세계에서 제일 살기 좋은 곳인데, 여기를 두고 어디를 간단 말인가, 이 사람아!"하고는 겨울의 추위가 노인네에게는 얼마나 해로운 것이며, 감기에서 시작된 병이 죽음에 이르는 경우를 장황하게 설명했다.

그러나 이승만 박사는 굳게 입을 다문 채 보스윅 씨의 얼굴만을 휑하니 쳐다보고 있었다. 남의 속도 모르는 소리는 하지 말라는 뜻이었다.

잠시 후 프란체스카 여사가 거실로 나오자 이 박사는 자리에서 일어났다. 보스윅이 내실로 잠깐 들어갔다 나오더니 프란체스카 여사의 핸드백 속에 봉투를 넣어 주었다. 여사는 고맙다고 인사를 했다. 밖에까지 따라 나온 보스윅은 돌연 이인수 씨의 어깨를 감싸안고 현관 쪽으로 끌고 갔다. 그리고 귓속말로 "아가, 잘 봐 드려라. 그는 굉장한 사람(The Great)이야. 40년 친구인 내가 모르겠나?" 하고는 등을 가볍게 밀치면서 손을 흔들었다. 그의 눈시울이 붉게 충혈되어 있었다.

"나는 본시 가난한 사람이야"

크리스마스가 다가오자 미 8군 사령관을 지냈던 아이작 D. 화이트 대장(大將)이 마키키의 이 박사 집으로 찾아와 위로를 하고 갔다. 이 밖에도 이 박사를 자주 찾은 사람들은 당시 합참의장이었으며 전 주한 유엔군 사령관이었던 램니처 장군을 들 수 있다. 그는 하와이에서 회의가 열리면 항상 마키키의 이 박사를 찾아주었다. 훗날 요양원에 있을 때에도 그는 그냥 지나치는 법이 없었고, 심지어 시간이 나지 않을 때는 회의 중간중간에 방문하거나 점심을 거르면서까지 이 박사를 찾아주었다. 또 세계은행 총재였던 맥나마라(前 미 국방장관) 씨와 맥아더 장군, 그리고 밴 플리트 장군도 이 박사를 만나러 하와이에 자주 들렀던 인물들이다. 이들은 모두가 2차대전 직전에 이 박사가 일본의 미국 침공을 예견하며 쓴 책 『Japan Inaside Out(일본 내막기)』을 읽었으며, 한국전쟁 중에 이 박사를 직접 만나보고 그 후 평생토록 존경해 마지않던 사람들이었다.

특히 화이트 대장은 트리플러 육군병원을 통해 이 박사가 하와이에서의 의료혜택을 받는 데 상당한 지원을 아끼지 않았다. 트리플러 병원에서의 정기 검진과 치료는 물론이고, 훗날 임종 직전까지 많은 의료혜택을 화이트 대장이 주선해 주었다.

그러나 한국의 관리들은 군사정부의 이 박사에 대한 부정적인 태도로 인해 눈치를 보아야 했다. 그래서 당시 이 박사를 만나기 위해서는 알래스카를 경유하는 비행코스를 택해야 했다. 이런 모험을 해가며 이 박사를 찾은 사람 중엔 주미대사였던 김정렬(金貞烈) 씨가 있다. 군정(軍政) 초기에는 아무도 이 박사에게 접근할 수 없는 분위기였다. 당시 주미 대사로 발령받은 김 씨는 일부러 하와이에 들러

이 박사를 만났다. 그리고는 "우리가 보필을 잘 못해서 이렇게 됐습니다. 죄송합니다"라며 눈물을 흘리고 돌아갔다고 한다.

해가 바뀌어 1962년이 되자 이 박사의 귀국에 대한 열망은 더욱 커져갔다. 그럴수록 자신의 희망이 관철되지 않는 것에 대한 분노도 덩달아 커져갔다.

한번은 "내가 알고자 하는 것은 누가 나를 여기 데려다 붙잡아 두고 있는가 하는 거야!"라며 격분했다. 이 박사가 하와이로 떠난 직후부터 국내 언론을 통해 만들어진 온갖 유언비어들을 여기저기를 통해 알게 된 모양이었다. 절대 흥분 하지 말라고 부인이 애원했음에도 불구하고 이 박사는 이날 상기된 표정이 되어 혼잣말을 계속 이었다.

"온 천하에 못된 놈들…그놈두…그놈두…웬 도적놈이 그렇게 많아…. 어떻게…그런 짓을 저질렀단 말이야?…뭐? 내가 도적놈인가?…나는 본시 가난한 사람이야…돈을 어찌해?…기가 맥혀…."

그리고는 혈압이 올라 두통을 호소하며 몸져 누웠다.

한 나라의 지도자가 스스로 가난을 당당하게 여기며 살았다는 것에 우리는 참으로 무심하게 여겨온 듯하다. 이승만의 경우, 대통령으로서 받은 월급을 제외하고는 월급을 위해 일한 적이 없었다. 늘, 후원금을 받아 특정 사업을 위해, 그것도 대부분 독립운동과 관련된 사업을 위해 사용했다. 그러면서 공과 사를 스스로 엄격하게 구분했다. 독립운동이나 건국 운동 자체가 공무(公務)였으니 이승만은 평생 공무(公務)를 위해 살았던 셈이었다. 아내 프란체스카 역시 가난을 당연하게 여기고 그런 남편과 함께 빈곤의 무게를 흔쾌히 감당했다. 평생을 가난하게 살아온 이승만으로서는 자신을 향한 '거액 횡령' 따위의 소문을 듣게 되니 억장이 무너졌을 것이다.

프란체스카 여사의 눈물

마키키 가의 집에서 이런 일이 있고 난 뒤 얼마 안 있

1949년 경주박물관 경내에서.

어 이 박사는 트리플러 병원에 들렀다. 당시 그레고라토라는 그리스계 미국인 의사가 이승만 박사의 주치의였다.

이 박사는 "왜 그런지 모르겠다. 요즘 자꾸 건강이 안 좋다"고 하자 주치의가 뇌파검사를 제안했다.

뇌파 검사가 끝나자 두 모자를 별실로 불러들인 주치의는 검사 결과를 프란체스카에게 설명했다. 그러면서 "더 이상 희망이 없음"을 전해주었다. 프란체스카 여사는 눈앞이 캄캄해졌다. 30년을 한결같이 믿고 따르던 남편이 더 이상 희망이 없는 상태라니…. 그때 이인수 씨는 프란체스카 여사가 우는 모습을 처음 목격했다. 그녀는 눈물을 왈칵 쏟았다. 항상 강한 여성인 줄 알고 있던 양아들 이인수 씨에게 그녀는 처음으로 눈물을 보이고 말았다.

그러나 이런 사실을 이 박사 자신은 구체적으로 알 수가 없었다. 이 무렵에도 이 박사는 "나를 앞으로 20년간 여기다 붙잡아 둘 작정이냐?!"고 역정을 냈고, 이인수 씨에게도 "괘씸한 놈, 내가 걸어서라도 갈 테다"하며 신발을 찾는 일이 여러 번 반복되었다.

주치의는 이 박사가 더 이상 하와이에 머물다간 비행기를 탈 수 없는 상태에 이를 것이라고 경고했다. 이 말은 당시 이 박사를 보필하던 프란체스카 여사와 오중정 씨를 비롯한 하와이 교민들에게 자극이 되었다. 적극적으로 환국을 주선하기 시작한 것이다.

그러나 당시 국내에서는 "사과도 없이 어떻게 들어올 수 있냐"는 반발이 드셌다. 물론 일각에서는 이 박사의 환국 운동도 일어나고 있었다. 여기서 유명한 이 박사의 '사과 성명'이 등장한다. 그러나 사과 성명의 작성자는 이 박사가 아니다.

프란체스카 여사와 오중정 씨, 그리고 최백렬 씨가 상의를 했다. 그래서 이승만 박사가 돌아가시기 전에 무슨 수를 써서라도 고국으로 모셔야겠다는 목적 아래 최백렬 씨가 아무런 정치적 의도도 고려하지 않은 채로 사과 성명을 작성했던 것이다.

이로써 국내의 귀국 반대 여론을 무마시켰다고 생각한 이 박사 측은 귀국 준비를 서둘렀다. 최백렬 씨는 한국의 날씨를 감안 하여 오버코트와 모자를 마련했고, 월버트 최씨는 마키키 가의 목조 주택을 팔려고 내놓았으며, 이 박사는 그제야 안도감을 표시하고 휠체어에 앉아서 떠날 시간이 오기만을 기다렸다.

또다시 좌절된 서울행

출발 예정일(3월 17일) 사흘 전부터 이 박사는 보행에 불편을 느껴 휠체어에 의지해야 했다. 귀국할 것이란 소식이 하와이 교민사회에 알려지자 많은 교포들이 달려와 작별인사를 했다.

이 박사는 어린애처럼 들뜬 표정이 되어 "우리 모두 서울 가서 만나세!"하며 손을 흔들고 기뻐했다. 그야말로 완전히 준비가 된 셈이었다.

1962년 3월 17일, 아침 일찍 일어나 간단한 식사를 한 뒤 이 박사는 외출복을 입고 소파에 앉아 출발 시간만을 기다렸다. 오전 9시 30분. 검은 세단차가 이 박사의 집 앞에서 멈추더니 김세원(金世源) 하와이 총영사가 굳은 표정으로 내렸다.

잠시 후 방안에서는 이 박사의 왼쪽에 이인수 씨, 오른쪽에는 최백렬 씨가 앉았고 윌버트 최 씨와 프란체스카 여사가 이인수 씨 맞은 편으로 앉았다. 김 총영사는 윌버트 최 씨 옆에 앉게 되어 이 박사를 바로 볼 수 있는 자리가 되었다. 영사관으로부터 김 총영사와 동행했던 최백렬 씨가 무겁게 입을 열었다.

"이 박사님. 우리나라를 위해 일 많이 하시고 늘 우리나라 잘 되게 하시고 계신 것을 우리가 잘 알고 있습니다. 지금 총영사가 말씀드리는 것을 바다와 같이 넓으신 마음으로 알아들으시고 결심하셔야 되겠습니다."

이 박사는 '무슨 얘길 하는 거냐?'는 듯 의아한 표정을 짓고 있었다.

이윽고 김 총영사가 "아직은 본국 실정이 가실만한 때가 아닙니다"라는 식으로 정부의 귀국 만류 권고를 전했다.

조용히 듣고 있던 이 박사의 눈이 붉게 충혈되어 갔다.

이인수 씨는 이 박사의 싸늘해진 왼손을 계속해서 어루만지며 진정시키려 했다. 다 듣고 난 이 박사가 떨리는 목소리를 애써 진정시키며 아주 조그맣게 말문을 열었다.

"내가 가는 것이 나라를 위하여 나쁘다면, 내가 가고 싶어 못 견디는 이 마음을 참아야지…. 누가 정부 일을 하든지 잘하길 바라오…."

그리고는 갸날프게 "나라…나라…"하며 조국을 찾는 듯 뒷말을 잊은 채 부인과 함께 침실로 사라졌다. 이 박사는 그날 이후로 휠체어에서 두 번 다시 일어날 수가 없게 된다. 귀국이 실현됐더라면 함께 귀국했을 애견 해피만이 조용히 업드린 채 주위 사람들의 표정에 눈길을 주고 있었다.

모두 허탈함과 서러움에 빠져 넋을 잃은 표정이었는데, 이인수 씨는 단신으로 귀국을 결심한다. 어차피 모든 준비는 다 되어 있었기에 이인수 씨는 그 길로 귀국해서 이 문제를 풀어보려 한 것이다.

어머니 프란체스카 여사는 그 말을 듣고 눈물을 보이긴

했지만 아들을 막지는 않았다. 영문도 모르는 이 박사에게 평소처럼 "다녀오겠습니다!"란 한마디 인사를 남기고 이인수 씨는 마키키의 집을 나섰다. 백발에 여윈 할머니가 현관에 서서 이인수 씨에게 손을 흔들며 작별 인사를 했다.

"아가야. 몸조심해라." ●

7장

슬픈 황혼

"나라를 한 번 잃으면 다시 찾기가 얼마나 어려운지를 우리 모두 잘 알아야 하며, 경제에서나 국방에서나 두 발로 굳건히 서서 두 번 다시 종의 멍에를 매지 말아야 한다"

건국 대통령의 유언

슬픈 황혼

마우나라니 요양원 202호

1962년 3월 17일 귀국이 좌절된 87세의 이승만 박사는 건강이 급속도로 악화되기 시작했다. 혈압이 치솟아 뇌출혈 증상이 생겼다. 급히 트리플러 육군병원에 입원하여 응급조치를 받고서야 정상을 회복했다. 그러나 수족은 거의 마비 상태가 되어 회복이 불가능해졌다. 중풍이었다.

이제는 아들도 귀국해 노부부만 남게 된 마키키에서 62세의 노파가 87세의 수족이 마비된 남편을 간병하며 살아야 할 형편이 되었다. 이런 사실이 하와이 교민 사회에 알려지자 각처에서 동정과 호의가 베풀어지기 시작했다. 자신이 구했던 나라로부터 버림받은 사람을 하와이 교민들은 끝내 버리지 않았던 것이다.

 교민들은 한국 정부의 처사에 말할 수 없이 섭섭해했다. 특히 나이 든 노인들일수록 더 했다. 모두가 이 박사의 뇌출혈이 중풍으로 발전하게 된 근본적인 원인은 고향으로 돌아가지 못함에 대한 울분이 폭발해서였다고들 말했다.

 이 시기에 무엇보다 큰 변화는 거처를 마키키의 목조주택에서 마우나라니(천국의 산) 요양원으로 옮기게 된 일이다. 하와이에서 5대 재벌의 한 사람으로 꼽히는 딜링햄 씨는 이승만 박사의 독립운동 시절부터 익히 잘 알고 지내온 막역한 사이였다. 그의 재정으로 움직이다시피 하는 세계 최고 수준의 요양원이 바로 마우나라니 요양원이었다. 일종의 세계 일류급 노인병원인 셈이었다.

 물론 이 과정에서는 오중정 씨와 최백렬 씨, 그리고 이 요양원의 후원자였던 윌버트 최씨의 노력이 컸다. 막막했던 프란체스카 여사 앞으로 마우나라니 요양원 원장 존스 여사의 편지가 도착한 것은 그해 3월 22일이었다.

 우리 모두 존경하는 이 박사님을 저희 양로원에서 모시고 싶습니다. 모든 비용은 무료로 해 드리겠으니 여사님의 회답을 바랍니다.

프란체스카 여사는 평소 일기를 쓸 때도 감정을 전혀 드러내지 않는 성격이었지만, 그 후 여러 기록을 통해 그 당시 존슨 여사에 대한 고마움을 남겨 놓았다. 뿐만 아니라 작고할 때까지도 이 편지를 고이 보관했었다. 프란체스카 여사에게는 더없이 소중한 도움이었다.

국부와 국모의 자격을 갖춘 분

문제는 병실 하나에 침대가 하나뿐이라는 점이었다. 이 문제도 교포들과 현지 미국인들의 노력으로 어렵지 않게 해결되었다. 요양원 측에서는 본관 건물 뒤편에 자리한 고용인 숙소의 작은 방 하나를 프란체스카 여사를 위해 마련해 주었다. 그리고 프란체스카 여사를 이 박사의 간호보조원으로 인정해 주어 항상 곁에 머물 수가 있었다.

병상에서도 조국으로 돌아갈 날을 하루도
잊지 않는 이승만 박사와 어려운 환경 속에서도
극진히 보살피던 프란체스카 여사.

1962년 3월 29일은 이 박사 부부가 마우나라니 요양원으로 이사하는 날이었다. 이날 이 박사의 엄명에 의해 주위 사람들은 이 박사의 집안에 들여놨던 가구들을 모두 원래 주인에게 돌려주고 나서야 요양원으로 떠날 수 있었다.

요양원 생활을 시작한 이 박사는 언제나 침대에 누워 있어야 했다. 낮에는 부인의 도움으로 휠체어에 앉아 창밖으로 펼쳐진 바다를 보기도 했다. 이 무렵에도 항상 "빨리 가야되는데…"하며 귀국의 열망은 식을 줄 몰랐다.

요양원 시절에는 오중정 씨와 최백렬 씨가 자주 찾았다. 오 씨를 통해 들어본 프란체스카 여사의 간병 생활은 어땠을까?

"그런 열녀가 없었지요. 아침 8시부터 저녁 10시까지 쇼핑하러 나가거나 외출하는 모습을 본 적이 없었어요. 마담은 항상 이 박사 옆에서 성경을 읽어드리고 찬송가를 불러 드리고, 손발이 마비되니까 손발을 주물러 드렸습니다. 필요한 물건은 제가 심부름 해드렸지요. 점심때 이 박사가 기르던 개 해피에게 밥을 주기 위해 잠시 떠났을 뿐, 망명생활 5년 동안 그녀는 이 박사의 그림자처럼 붙어 다녔다고 해도 과언이 아니었습니다. 교포들도 저런 분은 처음이라고들 했지요. 그렇게 훌륭한 분이 없었습니다."

오중정 씨는 이 박사의 병동에서 프란체스카 여사와 종종 옛날이야기를 했다. 그 무렵 생활비가 오스트리아에서 매월 2백 달러씩 오고 있었다. 당시 오스트리아의 프란체스카 집안에서는 커다란 종이 상자 두 개 분의 옷을 부쳐주었다. 그녀는 이 종이 상자를 개조해 옷장으로 썼고, 이 '종이 옷장'은 지금도 이화장 전시관에 전시되어 있다.

"그분은 실, 바늘 같은 것을 말씀하셔서 우리가 사다 드린 적은 있지만 그 밖의 것들을 원하신 적은 한 번도 없었습니다. 사람이 정신적으로 시들 것 같은 데 워낙 신앙이 강해서 그런지…. 두 분 다 강했던 분이셨어요. 국부(國父)와 국모(國母)의 자격을 갖춘 분이셨지요."

어머니…어머니…

이 무렵 오중정 씨는 이 박사가 좋아하는 노래를 병실에서 자주 불러드렸다고 한다. 찬송가 371장 '삼천리 반도 금수강산'이란 노래다.

삼천리 반도 금수강산 하나님이 주신 동산
삼천리 반도 금수강산 하나님이 주신 동산
이 동산에 할 일 많아
사방에 일꾼을 부르네
곧 이날에 일 가려고 누구가 대답을 할까.
(후렴)
일하러 가세 일하러 가
삼천리 강산 위해
하나님 명령 받았으니 반도 강산에 일하러 가세

- 남궁억 작사 -

이 박사는 마지막까지도 하나님의 소명을 잊지 않았다. 그런 그의 머릿속에는 언제나 고향산천의 풍경이 완연한 듯, 한국에서 누가 오기라도 하면 "지금도 서울 청량리 밖에는 누런 벼 이삭이 굽이치고 있나? 언제 다시 그것을 보고 죽을 수 있을지…"하면서 어릴 때 그곳에서 메뚜기 잡고 남산에서 연날리기하던 추억을 이야기하기도 했다. 그럼에도 그는 자신이 받은 소명을 성경이나 하나님의 권위를 빌어 남들에게 강요하지 않았다. 대신에 몸소 실천하며 육신이 다 할 때까지 끝까지 간 것이다.

요양원에서 이 박사는 잠을 잘 자는 편이 아니었으나 식사는 여전히 잘했다. 이 박사의 병세는 귀국이 좌절되면서 시작됐던 뇌졸중의 후유증이 점차 심해지는 것이었다. 병상에 누운 채 의사 표시를 제대로 할 만큼 이야기도 하고 의식도 있었지만 간병하기엔 무척 힘든 환자에 속했다. 무엇보다 프란체스카 여사의 애를 태웠던 것은 이 박사가 약을 워낙 싫어해 그녀가 회고록에서도 "약을 드실 때는 참으로 힘들었다"고 기록으로 남겨두었을 정도였다.

오랜 병상생활에서 이 박사는 힘이 들면 "아이고, 아이고…"하며 괴로워할 때도 있었고, 열이 심할 때는 "어머니, 어머니…"라면서 신음을 했다.

아침에는 사리에 맞는 정확한 영어를 구사했지만, 흥분하거나 오후가 되면 한국말로만 이야기하는 경우가 많았다. 주치의는 뇌의 혈액순환 관계로 정신상태가 흐리며, 노쇠로 하체는 약해졌으나 식성이 좋아서 비교적 오래 살 수 있다고 했다.

한국 돌아갈 여비 걱정한 건국 대통령

이 박사는 병원 식사를 싫어했지만, 늘 그릇은 깨끗이 다 비웠다. 늙은 아내가 이 박사를 침대에서 일으키거나 눕힐 때는 "하나, 둘, 셋!"하면서 힘을 주었는데, 그때마다 이 박사는 아내 프란체스카 여사를 넌지시 바라보면서 힘을 덜 주려고 애썼다.

프란체스카 여사도 때때로 고달프고 괴로울 적이 있었다. 그럴 때면 이 박사와 함께 먼 한국 쪽 하늘을 바라보며 아리랑이나 여사의 서투른 도라지 타령을 부르며 위안으로 삼았다.

병원 음식에 질려버린 이 박사를 위해 그가 좋아하는 한국 음식을 열거하며 노래를 지어 부르면 이 박사도 따라서 함께 부르곤 했다. 그 노래 가사는 이렇다.

> 날마다 날마다 김치찌개 김칫국
> 날마다 날마다 콩나물국 콩나물
> 날마다 날마다 두부찌개 두부국
> 날마다 날마다 된장찌개 된장국

1963년이 그렇게 지나갔다. 1964년 2월이 되자 양자 이인수 씨가 다시 하와이로 나왔다. 점차 병세가 악화된다는 소식을 받았던 것이다. 이인수 씨가 머물렀던 기간은 약 한 달 보름가량이었다. 그동안은 이인수 씨도 이 박사의 수족을 주무르곤 했다.

유언과 마지막 기도문

하루는 병원장 존슨 여사가 여러 병실을 돌아보다가 이 박사의 병상이 있는 202호실에 들렀다. 병상에 누워 무엇을 생각하는지 여념이 없는 듯한 이 박사의 표정을 본 존슨 여사가 "닥터 리! 소원이 무엇이지요?"하고 물었다. 그러자 즉석에서 이 박사는 "여비요. 여비. 한국으로 돌아갈 여비 말이요"라고 대답했다. 이 말을 들은 그녀가 "아직도 이 박사님은 한국으로 돌아갈 것을 생각하세요?"라고 묻자 단호하게 "그렇소"라고 대답했다. 존슨 여사는 고개를 절레절레 저으며 "스터번 리!(Stubborn Rhee : 고집쟁이 박사님!)"라는 별명을 붙여주었다. 그러나 이것은 진심으로 존경하는 마음에서 우러나온 말이었다.

병상에서도 이 박사는 아내에게 "호랑이도 죽을 때는 제 굴을 찾아간다는 데…남북통일이 이루어지기 전에는 눈을 감을 수가 없어!"라고 말하곤 했다.

그런 이 박사는 때때로 이인수 씨가 베란다에 나가 바람을 쐬고 있으면 프란체스카 여사에게 양아들의 교육 문제를 걱정하곤 했다. "저 녀석이 공부를 더 해야 할 텐데, 내 곁에서 허송세월을 하면 어떻게 하나?"하고 늘 말하는 것이었다. 그때 이인수 씨는 이미 대학을 졸업하고 한국에서 대학원 석사과정에 있었으니 이 박사는 어떻게 해서든 공부를 더 시킬 궁리만 했었다.

그런 이승만은 세상을 떠나게 될 것임을 생각할 때마다 아들 이인수 씨에게 유언처럼 이런 말을 반복해 주었다고 한다.

"나라를 한 번 잃으면 다시 찾기가 얼마나 어려운지를 우리 모두 잘 알아야 하며, 경제에서나 국방에서나 두 발로 굳건히 서서 두 번 다시 종의 멍에를 매지 말아야 한다."

이승만이 가장 좋아하던 성경 구절 갈라디아서 5장 1절 "그리스도께서 우리를 자유케 하려고자유를 주셨으니 그러므로 굳세게 서서 다시는 종의 멍에를 메지 마라"를 바탕삼아 만든 유언이었다. 평범해 보이는 듯한 문장이지만, '나라를 다시 찾기가 얼마나 어려운지를 잘 알아야 한다'는 구절은 천신만고 끝에 나라를 다시 찾아 일으켜 세운 이승만이 아니고서는 누구도 이 문장을 쓸 자격이 없을 것이다.

그런 이승만이 마우나라니 요양원에서 정신이 아직 온전했을 때 하나님께 올렸던 마지막 기도문도 전해진다.

이제 저의 천명이 다하여 감에 아버지께서 저에게 주셨던 사명을 더 이상 감당치 못하겠나이다. 몸과 마음이 너무 늙어 버겁습니다. 바라옵건대 우리 민족의 앞날에 주님의 은총과 축복이 함께 하시옵소서. 우리 민족을 오직 주님께 맡기고 가겠습니다. 다시는 종의 멍에를 메지 않게 하여 주시옵소서. 아멘.

예수를 십자가에 매달려 있게 한 것이 대못이 아니라 인류를 위한 사랑이었듯, 이승만을 마지막까지 견디게 한 것도 권력욕이 아니라 민족을 위한 사랑이었을 것이다. 종의 멍에를 벗겨 이 민족을 자유케 하려던 그 위대한 사랑이었을 것이다.

7월 19일 0시 35분

1964년 4월에는 이 박사의 별세 후를 생각하며 그 준비로 이인수 씨가 한국으로 들어갔다. 그러나 1965년 6월 말이 되자 다시 이인수 씨를 급히 하와이로 불러야 했다. 이 박사의 병세가 매우 위독해진 것이다.

6월 20일. 이 박사가 피를 토하기 시작했다. 위에서 내출혈이 심하게 일어났던 것이다. 급히 퀸즈 병원으로 후송해서 응급처치를 했다. 긴급 수혈로 혈압을 조절하고 안정을 찾기까지 닷새가 걸렸다. 그동안 호놀룰루 텔레비전 방송 등 하와이의 모든 언론들은 이 박사의 병세를 자세히 보도했다. 이 박사가 요양원의 202호실 그의 방으로 돌아온 것은 6월 25일이었다.

이때는 펌프가 작동 중인 호스를 입속에 꽂고 연명해야 하는 상태였다. 피를 뽑고 가끔씩 우유를 그 호스를 통해 넣어 주었다. 이 모든 일은 프란체스카 여사가 끝까지 다 해냈다. 의식이 거의 없는 이 박사의 비쩍 마른 양팔은 이미 무수한 주삿바늘 자국으로 인해 검게 변해 있었지만 혈색은 그다지 나쁘지 않았다.

7월 4일. 연락을 받고 호놀룰루 공항에 내린 이인수 씨는 곧장 요양원으로 달려왔다. 다시 한번 내출혈이 심해지더라도 퀸즈 병원의 응급실로 가지는 않을 것이라는 설명을 들었다. 더 이상 방법이 없다는 얘기였다.

7월 18일. 위에서 출혈량이 너무 많아 혈압이 급격히 떨어졌다. 이인수 씨가 이 박사의 곁에 누워 헌혈을 했다. 잠시 후 안정된 기미를 보이자 이인수 씨는 프란체스카 여사의 방으로 가서 누웠다. 헌혈을 너무 많이 해서 헬쓱해진 그의 곁에 최백렬 씨가 와서 조용히 이야기를 했다.

친부모님처럼 지금까지 모셔 온 이 박사님의 마지막을

보고 싶으니 허락해 달라는 부탁이었다. 그러나 그때까지 정확한 시간을 알 수 없었다. 두 사람은 오후가 되자 다시 이 박사의 병실로 들어갔다.

그날 밤 10시가 조금 넘자 주치의 토마스 민(閔) 박사가 "오늘을 넘기기 힘듭니다"라고 했다. 급히 교포들에게 연락을 취했지만 토요일 밤이라 많은 사람들과 연락할 수가 없었다.

이 박사의 침대 곁에는 프란체스카 여사와 최백렬 씨, 그리고 이인수 씨가 나란히 앉아서 마지막 모습을 지켜보고 있었다.

간호사가 가끔씩 맥박을 체크했다. 병실 밖에는 연락을 받고 달려 온 오중정 씨, 윌버트 최 씨, 그리고 〈조선일보〉 통신원 차지수 씨만이 있었다. 병실에서는 이미 각오를 하고 있었지만 지켜보는 사람들은 안타까움에 눈물을 참기 힘들었다. 갑자기 호스를 입에 문 이 박사의 호흡이 거칠어지더니 아주 긴 한숨을 내쉬었다. 그리고 조용히 숨을 거두었다. 향년 90이었다. 간호사가 박사의 맥박을 체크하고 시간을 일러주었다.

"7월 19일 0시 35분. 임종하셨습니다."

자신의 국가와 민족을 위해 독립운동으로 건국을 성취해 냈고, 전쟁으로부터 민족을 구원해 내며 전 생애를 아낌없이 불살랐던 위대한 한국인 이승만은 이역만리 떨어진 땅 하와이 섬에서 고국을 그리다 너무나도 쓸쓸한 최후를 맞이했다.

프란체스카 여사는 아들 앞에서 두 번째 눈물을 보였다. 잠깐이지만 최백렬 씨와 이인수 씨 앞에서 오열을 터뜨렸다. 그러나 그것도 잠시. 밖에서 웅성대는 소리가 들리자 이내 눈물을 닦고는 이인수 씨에게 귓속말로 "절대 남 앞에서 눈물을 보이지 말아라, 아가야"라고 속삭였다.
그리고 늘 들고 다니던 팬암 항공사 로고가 찍힌 낡은 비닐쇼핑백에 성경책과 찬송가집을 담아 들고는 총총히 병실을 나섰다.

그녀가 나오는 모습을 본 오중정 씨는 "마담은 결코 울지 않았다"고 했다. 볼 수가 없었으니 당연했다. 당시 오중정 씨가 본 그녀의 모습도 인상적이었다고 한다. 문밖에서 기다리던 이들을 본 프란체스카 여사는 "굿바이!"라는 딱 한마디만 남기고 떠났다.

보스 윅의 절규 - "내가 자네를 안다네… 내가 자네를 알아…"

고인의 유해를 수습하기 위해 윌버트 최 씨와 관계가 있던 누와누 장의사가 달려왔다. 그 바람에 자신이 장례를 맡지 못한 보스윅 씨가 무척 섭섭해했다는 이야기가 전해진다.

한편 고인의 영구(靈柩)가 누와누 장의사에서 영결식장인 한인 기독교회로 출발한 시각은 7월 21일 오후 4시 40분. 이날은 하와이의 모든 방송 매체들이 이 박사를 떠나보내는 애도 방송을 했다.

미망인 프란체스카 여사가 입장한 오후 8시 30분경에는 조화(弔花)가 교회 전체를 꽉 메웠고, 수 많은 현지인들과 교민들이 애도를 표하기 위해 모여들었다. 유해는 고인이 건립했던 한인 기독교회 실내에 안치되었고, 고인의 상반신을 볼 수 있도록 관 덮개의 반은 열려 있었다. 평온하게 눈을 감은 고인의 얼굴에는 얇은 베일이 드리워져 있었다.

영결식이 시작하기 직전에 연락을 받고 달려 온 보스윅 씨가 교회 입구에서부터 사람들을 헤치며 성큼성큼 걸어 들어와 이 박사의 관 앞에 섰다. 모든 이들의 시선이 집중되었다. 그는 금방이라도 울음을 터뜨릴 듯한 표정으로 고인의 얼굴에 덮여있던 베일을 걷어 내더니 이 박사의 이마를 손바닥으로 어루만지며 울부짖었다.

"내가 자네를 안다네! 내가 자네를 알아!

(I know you! I know you!)

자네가 얼마나 조국을 사랑하고 있는지,

자네가 얼마나 억울한 지를

내가 자네를 잘 안다네!
친구여!
그것 때문에 자네가 얼마나 고생을 해 왔는지,
바로 그 애국심 때문에
자네가 그토록 비난받고 살아온 것을
내가 잘 안다네!
내가 잘 알아!
내 소중한 친구여!…"

이인수 씨가 기억하는 이 한 편의 시 같은 보스웍의 절규는 영결식장에 모인 모든 이들의 가슴속을 울리게 했다.
 이어서 한 시간 동안의 영결 예배가 끝나자 고인의 영구는 검은 리무진에 실려 하와이 경찰의 에스코트를 받으며 히컴 공군기지로 향했다. 이때 프란체스카 여사는 쇠잔해진 기력으로 두 번째 졸도를 한 끝에 입원함에 따라 서울에서 있었던 장례식에는 참석하지 못한다.

 공항을 향해 출발한 시간이 9시 30분. 히컴 공군기지에

존경의 마음을 담아 마지막 인사를 올리는 밴 플리트 장군.
그는 이승만의 유해를 실은 미군특별기에 동승하여 한국으로 와 마지막 가는 길을 함께 했다.

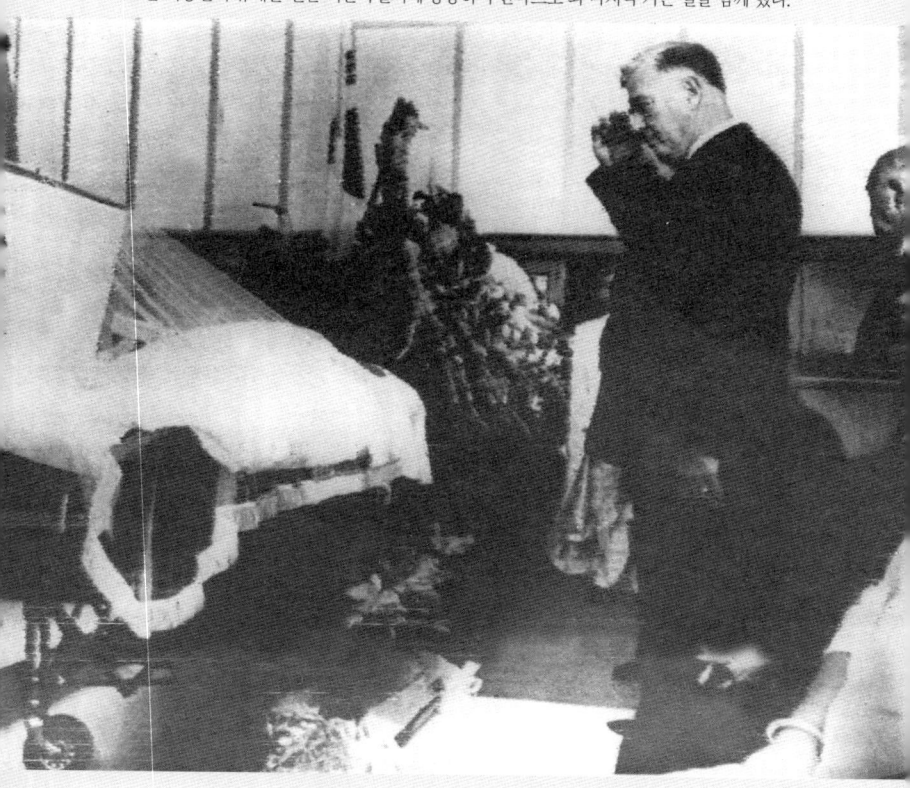

도착한 시각은 10시 30분.

6·25 당시 미8군 사령관으로 2년간 전선을 누볐던 밴 플리트 예비역 장군이 비보를 듣고 플로리다에서 하와이로 날아왔다. 그는 이승만을 아버지처럼 따르고 존경했다.

공군기지에는 미 의장대가 나와서 사열한 가운데 6명의 육해공군 의장대가 조포(弔砲)를 발사하며 영결식을 진행했다. 이승만을 존경하던 많은 미군 장성들의 추도사와 함께 밴 플리트 장군도 추도사를 남겼다.

"故 이승만 전 대통령은 위대한 애국자요, 강력한 지도자였으며, 강철 같은 사나이였고, 카리스마 넘치는 성격의 소유자로, 그리고 자기 체중만큼의 다이아몬드에 해당하는 가치를 지닌 인물이었습니다."

그를 존경하던 미 장군들의 추도사와 함께, 한 의장대원의 진혼나팔 소리가 열대의 밤하늘에 울려 퍼졌다.

이윽고 유해가 의장대원들에 의해 C-118 군 특별기에 실리자 밴 플리트 장군도 고인과의 마지막을 함께 하기 위

경찰 차량과 기마경찰의 에스코트를 받으며 국립묘지로 향하는 운구행렬.
수많은 인파에 둘러싸이고 비록 환대를 받지 못했을 지라도, 저 길을 생전에 한번이라도
걸어보실 수 있었더라면...

해 한국까지 가기를 희망하여 모두 16명이 비행기에 탑승했다.

  1965년 7월 21일 밤 11시 정각.
  이 박사의 유해를 실은 비행기가 서서히 활주로를 미끄러져 가더니 이윽고 밤하늘의 별들 속으로 날아 올랐다. 그토록 가고 싶어 했던 고국을 향해 이제야 날아가는 것이다.
  그가 하와이 섬에 마지막으로 착륙한 지 5년 2개월 만이었다. ●

맺는 글
건국 대통령의 마음 헤아리기

'망명 보도'는 53년째 되던 해에 처음 확인

처음 이승만 전대통령의 하와이 '망명 생활'을 취재했을 때가 30년 전인 1995년 2월이었습니다. 서른다섯 살의 늦깎이 자유기고가였던 필자는 하와이 현지 취재는 생각도 못하고 국제전화로 오중정(吳重政) 전 영사, 최백렬(崔伯烈) 선생 등과 인터뷰를 할 수 있었지요. 원고지 240장 분량의 그때 기사는 『우리의 건국 대통령은 이렇게 죽어갔다』는 제목으로 월간조선 1995년 5월호에 실렸습니다.

잠시 그 당시 취재기를 말씀드려 보겠습니다.

이승만 대통령의 망명 관련 취재를 해가던 1995년 초만 하더라도, 제가 만나야 했던 분들은 모두 해방과 건국과 전쟁을 겪으셨던 연로하신 분들로 이승만 박사에 대한 애잔한 마음을 가슴에 한 말씩이나 담고 살아오신 분들이었습니다. 질곡의 현대사로부터 맺혀진 한(恨)일 겁니다. 초대 대통령은 물론이고 박정희 대통령이나 전두환·노태우 대통령까지 다들 그분들의 공(功)은 몰라주고 욕만 해댄다는 보수의 피해의식이 넘쳐나던 때였습니다. 지금은 그 한풀이가 왜곡되어 극우의 괴물로도 나오는 모양입니다만….

제 글이 〈월간조선〉에 실리고 일주일쯤 지났을 때였습니다. 당시 안병훈 〈조선일보〉 부사장(현 기파랑 대표)께서 점심을 같이 하자고 조갑제 편집장을 통해 연락이 왔었습니다. 광화문 뒷골목의 작은 밥집 뒷방에 마주 앉아 안병훈 부사장님으로부터 숨은 뒷이야기를 들을 수 있었습니다.

그 무렵, 국적기인 대한항공이 탑승객들에게 제공하는 신문과 잡지 가운데 〈월간조선〉도 포함돼 있었습니다. 그때 제가 책을 통해서나마 무척 존경하던 이어령 전 문화부 장관께서 LA에서 김포공항으로의 귀국편 대한항공에 탑승하셨답니다. 그러면서 표지에 이승만 전 대통령이 등장하는 〈월간조선〉 5월호를 집어 들고 자리에 앉으셨다지요. 비행기가 태평양을 건너는 동안 이 장관께서 제 글을 읽으신 모양입니다. 그리곤 승객들이 조용히 앉아 있는 기내에서 통곡을 하셨다네요. 주변 분들께 양해까지 구하시면서 말입니다. 보다 못한 스튜어디스들이 연신 휴지를 갖다주었다고 하시고요. 하여간, 이어령 전 장관께서는 비행기가 김포공항에 착륙하자마자 공중전화로 달려가 안병훈 부사장께 전화를 하신 거랍니다.

"이거 이 기사만 별도로 인쇄해서 전 국민들에게 무료로 배포합시다!"

그때까지 안 부사장께서는 이 기사를 읽어보신 적이 없었거든요. 전화 통화를 마치고 안 부사장님은 그 5월호 〈월간조선〉을 가져와서 해당 기사를 읽기 시작했답니다. 아마 읽어 가는 동안 지나간 세월의 기억들이 새록새록 가슴에 맺혀 갔겠지요. 그날 안 부사장님도 기사의 마지막을 읽다가 사무실 문을 잠근 채 펑펑 우셨다고 합니다.

무명의 자유기고가였던 저는 〈월간조선〉 측으로부터

'하와이 망명기를 자료 취합해서 200매 정도로 정리해 달라'는 기사 청탁을 받았습니다. '독재자 이승만'으로만 배워 온 저였지만 그렇다고 자료 취합만 달랑할 수 없을 것 같아서 국립묘지를 찾아 고인에 대한 예의부터 올리고 시작하려 하던 참이었습니다. 그런데 추운 겨울날인데도 국립묘지에는 대형 승용차는 없었지만 엑셀 같은 작은 승용차들이 예닐곱 대나 모여 있었고, 초등학생 아들을 데리고 와서 "인사 올려라. 이분이 대한민국을 세우신 분이다"라며 자식을 가르치는 아버지를 보게 된 겁니다. 그때 제가 받은 충격은 상당했었습니다. 대학원까지 거의 20년을 공부한 저는, 이승만 대통령을 향한 비난의 돌팔매질만 보고 듣고 배웠을 뿐이지, "이분이 대한민국을 세우신 분이다."는 문장을 육성으로 들어본 적은 처음이었습니다.

해서, 생전에 계셨던 이화장(梨花莊)을 찾아가 양자 이인수 박사와의 5전6기식 인터뷰를 하던 중에 감동의 뇌관을 찾을 수 있었던 겁니다. 5전6기식 인터뷰가 된 것은, 당시만 해도 이인 수 박사 같은 분들은 응어리가 참 많았던 듯

해서, 단문 단답형 인터뷰가 거의 불가능했습니다. 툭하면 이야기가 옆으로 새어 나가 그동안 설움 받고 살아온 인생을 저 같은 기자 앞에서 풀어 헤치곤 했으니까요. 아마도 누구도 이야기를 들어주지 않아서였는지도 모릅니다. 그렇게 하다 보니 이화장을 6번이나 찾아가야 했던 겁니다. 그 여섯 번째 방문에서 장례식장의 풍경을 이야기하던 중에 돌연 생각난 듯 이인수 박사가 저에게 털어놓은 '보스윅의 추도사'였지요. 훗날 이인수 박사께 보스윅의 이야기를 그동안 다른 사람들에게 해 준 적이 없었는지 물어보았습니다. 이인수 박사는, "없었어요. 누가 그렇게 끝까지 듣지 않아. 지들 듣고 싶은 것만 듣고 가 버렸으니까…" 제 기사는 그렇게 해서 월간조선에 실리게 되고 세상에 알려지게 된 것이었지요.

그 글을 2011년, 기파랑 출판사 안병훈(安秉勳) 대표께서 같은 제목의 작은 책으로 엮어 주셨습니다. 생각할수록 참으로 감사한 일이었습니다. 무심하게 내버려두었더라면 잊혀졌을 글일 텐데 많은 분들의 관심과 배려가 무명 기자의 글에 생명을 불어넣은 셈이었지요.

  배려와 격려에 용기를 얻은 필자는 2013년 2월 초, 경향신문 기자로 이승만 망명 특종기사를 쓴 윤양중(尹亮重) 당시 일민미술재단 이사장을 만나 인터뷰를 하게 됩니다. 다들 허투루 넘겨 버린 '망명으로 보도된 원인'을 밝히기 위해서였습니다. 핵심은 한두 문장으로 요약될 정도로 간단한 문답이었습니다만, 세상일이 어디 그렇습니까? 53년 전의 망명 기사가 윤양중 이사장님 본인께는 '세계적 특종'으로 찬사와 갈채를 받은 '가문(家門)의 영광'인 겁니다. 그 거대한 권위와 영광을 향해 '새카맣게 어린 후배 기자'가 감히 '오보 가능성'을 캐묻다니요.

  발걸음을 떼기가 쉽지 않았고, 셀 수 없을 정도의 망설임과 인터뷰이(Interviewee) 면전에서 몇 번의 마른침을 삼켜야 했음을 고백합니다. 다행히 故 윤양중 이사장께서는 무던히 인내하시며 당시를 자세하게 설명해 주셨습니다.

저는 지금도 2013년 2월 첫째 주 화요일 오후, 광화문이 내려다보이는 일민미술재단 이사장실에서의 인터뷰 장면을 생생하게 기억합니다. 제가 그토록 묻고 싶었던 결정적인 질문을 던지자, 그분은 제 질문을 확인하고는, 좌고우면하지 않고 즉답을 해 버렸습니다. 진심인 것이지요.

"왜 망명을 가냐고요? 에이, 차마 그렇게는 못 물어보겠더라고요."

이승만 박사 부부가 꿈에도 생각지 못한 '망명'이 한 기자의 펜에 의해 '역사'가 되어버린 과정을 확인할 수 있었습니다. '망명'으로 보도된 지 53년째 되던 해였습니다.

우리가 감사하며 살아야 할 이유

먹먹해졌을지도 모를 독자 여러분께 잠시 '역사적 상상력'을 요청해 봅니다. 만약 하와이에 도착한 이승만 박사가 원했던 대로 '한 3주 정도 요양한 뒤 귀국'했더라면, 그 후 역사는 어떻게 전개되었을까요?

우리는 2014년 4월 16일 세월호 침몰 사고 이후를 기억합니다. 분노한 국민과, 그들을 선동하던 정치인들과, 가짜 뉴스로 마녀사냥을 하던 언론들이 '무능했지만 순진했던 여자 대통령'을 어떤 식으로 '해결'했는지를 말입니다.

1960년 6월 셋째 주의 어느 날, 하와이에서 전직 대통령 이승만과 프란체스카 여사를 태운 비행기가 김포공항에 도착했더라면, 그 순간부터 대한민국은 지금과는 전혀 다른 역사를 기록해야 했을 겁니다.

생존경쟁에 허덕이던 전국의 350여 신문과 잡지는 세월호 사건 때보다 더 극적인 이야기들을 만들어 쏟아냈을 겁니다. 하야한 대통령 부부를 기다리던 사람들은 4·19 희생자들의 분풀이를 하려던 성난 유족들과, 그들의 분노를 원천으로 힘을 키우려던 정치인들과, 이 박사 부부를 악마로 그려내고 선동하여 신문 판매 경쟁에 혈안이 될 언론들이 있을 겁니다.

국민들은 만취 운전자처럼 분노와 증오의 핸들을 움켜쥐고 이승만 박사 부부를 향해 돌진했겠지요. 설령 법적 절차를 갖췄다 한들, 노령의 전직 초대 대통령에게 수의(囚衣)를 입혀 사진을 찍지 않았을까요? 평생을 국가와 국민을 위해 헌신한 노인이 그가 사랑했던 국민들로부터 받아야 하는 수모를 견뎌낼 수나 있었을지요?

정말 그렇게 되었더라면, 온 국민 모두가 자신도 모르는 사이에, 역사 앞에 씻을 수 없는 죄의 멍에를 쓰게 될 뻔했습니다. 이승만 박사 부부의 하와이 체류가 마냥 길어져야만 했던 것이 한편으로는 아쉽기도 하지만, 긴 역사적 안목에서 보면, 귀국이 거절된 것이 천만다행이었다는 것을 알게 되는 것이지요.

어쩌면 애국가의 가사처럼 '하느님이 보우하사' 우리 국민 모두가 죄를 짓지 않게 되었는지도 모릅니다. 그리하여 당신께서 너무나도 사랑하신, 이승만 박사에게 이 민족의 십자가를 짐 지어 주시어 민족의 속죄양으로 삼으시고, 우리 모두의 어깨에 씌워졌을지도 모를 죄의 멍에를 벗겨 내신 것인지도 모릅니다. 신비롭지만, 일말의 가능성을 무시

할 수는 없으므로, 미약한 저희는 그렇게나마 감사하며 살아야 하지 않을까요.

제가 이렇게 생각하게 된 사연이 있습니다.

모두를 이해하며 얻게 된 통합적 시각

2015년 7월 중순, 이승만 박사 서거 50주기였을 때 '하와이 동지회' 초청으로 하와이를 방문할 수 있었습니다. 당시 연세대학교 이승만연구원장 류석춘 교수의 평생 잊지 못 할 후원 덕분이었습니다. 공식 일정 2박 3일간 경비 일체가 지원되었지만, 행사 후 필자는 자비로 혼자 남아 일주일을 더 머물렀습니다. 연고도 없는 하와이섬에서 매일 아침, '한인기독교회' 앞에서 한 시간가량을 앉아 있었습니다. 십자가 하나 드러내지 않는 광화문 형상의 교회. 그 교회를 처음 디자인했을 1918년 당시 이승만의 마음을 더듬고 또 더듬어 보았습니다.

낮에는 1930년대의 이승만이 산책과 낚시를 했을 법한

도로와 강변을 걸어보았고, 호놀룰루 항구에 정박했을 나치 독일의 잠수함과 일본의 구축함도 이승만의 기억 속에서 더듬어 보았으며, 오후에는 마우나라니 요양원 202호실에서 그가 바라보았을 서쪽 하늘을 보거나, 해변에서 한국이 있는 서쪽 하늘의 황혼을 바라보곤 했습니다.

그렇게 유배지(流配地)에 버려진 이승만의 슬프고 애닲은 심정을 읽으려 애쓰다가 문득 필자가 발견한 것은, 하늘을 원망하며 괴로워했을 법한 '망명객' 이승만의 아픈 신음 소리가 아니었습니다. 역설적이게도, 필자가 이승만의 생애 마지막 무렵의 주변을 서성이다 발견한 것은, 자신을 헐뜯었던 그 많은 거짓과 욕설과 심지어 자신을 망명객으로 만든 어느 기자의 실수조차 용서하고 오히려 다독이는 이승만의 마음을 보게 되었습니다. 동시에 민족의 구원과 독립을 위해 평생을 헌신한 이승만에 대한 하나님의 따뜻한 위로와 위안의 손길을 느낄 수 있었습니다.

이승만 대통령은 자신의 뒤를 이어 대한민국을 이끌었

던 여러 대통령들 중에서도 이미 고인이 되신 윤보선, 박정희, 최규하, 전두환, 노태우, 김영삼, 김대중, 노무현 (대통령) 등을 저 세상에서 반가이 만나시고 "고생 많았지?"라며 노고를 위로하셨을 테지요. 생전에 하셨던 말씀처럼 "그렇게 우리나라 일이 쉬운 게 아니야"라고 하시면서 말입니다.

저의 한국 현대사를 보는 시각도 이 무렵부터 보다 성숙해 갑니다. 어느 한 진영의 중심이 아니라 자유민주주의의 대한민국을 중심으로 '보수와 진보' 모두를 보려는 '통합적 시각'을 갖게 되었다고 고백합니다. 그런 시각을 가질 때 비로소 초대 농림부 장관으로 공산주의자 출신의 조봉암 의원을 임명하여 6·25가 일어나기 불과 두 달 전에 농지개혁을 완수하게 한 이승만 대통령의 혜안을 이해할 수 있었습니다. 다른 한편으로는 국군에 침투한 공산주의자들을 솎아내는 숙군(肅軍)을 성공함으로써 6·25때 국군이 전진과 후퇴를 무리없이 해낼 수 있었습니다.

이처럼 대한민국의 기적같은 탄생에는 수많은 '신의 한 수'들로 이루어져 있더군요.

합리적 보수와 건강한 진보의 부활을 위해

이승만 대통령이 자유민주주의를 이 땅에 심은 마음을 헤아리다 보면, 지나간 2024년 12·3 계엄의 밤은 대한민국의 성장을 위한 기적 같은 계기가 되어 준 것은 아닌가 생각합니다.

우리의 민주주의가 얼마나 성장했는지를 새삼 알게 되었고, 보수(保守)가 무엇을, 얼마나 더 보수(補修) 해야 하는지도 알게 되었으며, 어깃장만 놓을 것 같았던 진보(進步)가 자유민주주의를 위해 분투한다는 사실도 알게 된, 참으로 심오한 이해가 수반된 역사적 사건이었습니다.

12·3 계엄 사건을 계기로 우리의 대한민국이 거듭나려면 음수사원(飮水思源)의 마음으로 '건국 대통령 바로보

기'부터 시작해야 합니다.

늦었지만, 지금이라도 부질없는 진영 간 반목과 갈등을 청산하고 프로야구 경기처럼 보수와 진보가 정책 경쟁으로 대결하는 건강한 정치 문화를 가꾸어야 합니다.

이승만 대통령이 건국을 통해 대한민국에 문명의 대전환을 이루었듯이 21세기의 절반이 가기 전에 정치 문화의 대전환을 이루어야 합니다. 그리하여 새롭게 태어나는 '합리적 보수'와 '건강한 진보'의 원년(元年)이 되기를 건국 대통령의 마음으로 기원합니다.

2025년 7월 19일
서거 60주기를 추념하며…
저자 이 동 욱 올림

* 〈파이낸셜 뉴스〉의 전재호 회장님과 정순민 부장님의 격려에 감사드립니다.

보수나 진보들도 몰랐던
건국 대통령의 삶과 죽음

1판 1쇄 발행 | 2025년 10월 10일

지은이 | 이동욱
펴낸이 | 안병훈

펴낸곳 | 도서출판 기파랑
등 록 | 2004. 12. 27 제300-2004-204호
주 소 | 서울시 종로구 대학로8가길 56 동숭빌딩 301호   우편번호 03086
전 화 | 02-763-8996 편집부 02-3288-0077 영업마케팅부
팩 스 | 02-763-8936

이메일 | guiparang_b@naver.com

ISBN 978-89-6523-470-8   00910